广告不疯狂

Advertising Is Not Crazy

徐卫华 著

浙江工商大学出版社 ZHEJIANG GONGSHANG UNIVERSITY PRESS | 杭州

图书在版编目(CIP)数据

广告不疯狂 / 徐卫华著. —杭州:浙江工商大学出版社,
2020.3(2022.7重印)

ISBN 978-7-5178-3528-8

Ⅰ.①广… Ⅱ.①徐…Ⅲ.①广告学—研究 Ⅳ.①F713.80

中国版本图书馆 CIP 数据核字(2019)第225723号

广告不疯狂
GUANGGAO BU FENGKUANG

徐卫华 著

责任编辑	王 英
封面设计	王妤驰
责任印制	包建辉
出版发行	浙江工商大学出版社
	(杭州市教工路198号 邮政编码310012)
	(E-mail:zjgsupress@163.com)
	(网址:http://www.zjgsupress.com)
	电话:0571-88904980,88831806(传真)
排 版	杭州朝曦图文设计有限公司
印 刷	广东虎彩云印刷有限公司绍兴分公司
开 本	710mm×1000mm 1/16
印 张	10.75
字 数	158千
版 印 次	2020年3月第1版 2022年7月第3次印刷
书 号	ISBN 978-7-5178-3528-8
定 价	38.00元

坐得冷板凳 终成一家言

胡晓云

我的学生与朋友卫华，前些时候邀约我说："胡老师，我写了一本书，想请您写序。"

我惊喜。虽然在过去的岁月里，我们已合作出版了国家级教材《世界广告经典案例——经典广告作品评析》，该教材也得到了读者的持续好评。但他单独出书，并邀我写序，这还是第一次。

卫华是我的第一个硕士研究生。师生缘起于1999年。那年，他来参加浙江大学全日制硕士研究生面试。面试时，他对相关专业知识掌握扎实，面试陈述井井有条。我在心里暗自感叹，如此扎实的知识基础，如此严谨的思维与表达，一定是一个会好好做学问的人。

于是，我们成了师生。说是师生，其实我心里给的定位，更倾向于朋友。这是因为卫华老成，谦逊外表下，是一颗处事不惊的心。有时反而是我，显得极不成熟，遇见惊喜，像个小女生似的，一惊一乍。

那时的硕士研究生学制三年。于是，卫华与我，以师生之谊相处了三年。当时，我有一个宏大的研究计划：对国际上十个产业的前十大知名品牌的品牌传播运动进行深耕研究，追踪溯源，探寻其在品牌传播特别是在广告传播方面的特征，为国内品牌的创造提供有效的借鉴。用我当时的话说："潜入海底。"

"潜入海底",去寻找散落在历史的污泥浊水中的品牌与广告"珠宝",是一件苦差事。这不仅要阅读相关学术文献资料,更要弄清我们所选择的品牌及其传播案例的来龙去脉。这在当时是非常难以实现的研究计划。一则,网络尚未如今天一样发达;二则,学校里的数据库资源也非常稀少,图书馆里,几乎没有任何相关资料。但几乎不可能完成的研究,因我与卫华、一峰、李闯的共同努力,积少成多、积流成海,最终完成了。这本书遂成为国家级教材,为国内高校广告学专业师生提供了详尽的研究资料与透彻的研究内容。

记得研究进行到关键节点时,卫华的眼睛因为长时间注视电脑,伤得不轻。说实话,当时我心里在想,要不要打退堂鼓。但事实已经说明了,我们依然坚持,直至成果现世。而今,我依然在带硕士生、博士生,说实话,如果学生没有努力向上的愿望,我已经不敢"逼着"他们做如此深入的研究了,因为这需要老师与学生具有不一般的使命感,其中的辛苦不是一般的人能够忍受得了的。

这之后,卫华进入高校工作,流转在浙江杭州、湖南长沙、湖北武汉、浙江温州等地。尽管工作场地变动不居,但他始终坚守在广告学专业的教学、研究、实践领域,这一沉浸,就是二十年!

等我一口气读完该书,我深深地感叹了:"坐得冷板凳,终成一家言啊!"

我这里所谓"坐冷板凳",其一指的是,研究广告,在中国学术界一直是被边缘化的。传统的人文学科研究者,甚至同门的新闻学科的研究者,也经常对广告颇有微词。所以,研究广告,表面上看是热闹之事,是中国转型市场经济的重要传播战略,但事实上,难得有人对广告的价值有真正的理解与肯定。其二,二十年的时间,卫华硬是坐在"广告"这一张冷板凳上,用他的倔强与扎实的研究,证明着广告的价值。

卫华将书名定为"广告不疯狂",并在第一章"广告是什么样子的"中,出乎意料地阐述了广告形态变迁与广告伦理重建的关系。这在之前的广告相关著作中,是没有看到过的。我想我是理解他的指向的。因为中国现代广告,一直被欧美国家的"创意为主旨"所引领,在引进大卫·奥格威的"广告是销售"理念的同时,放大了广告的艺术价值,并用"大创意"引发广告学子"广告也疯狂"的专业解读。而卫华将广告植入形态流变的整体框架中，并得出了自己的结论。

卫华说，他不想赶时髦，就想讨论有关广告的最基本也是最重要的问题。无论时代如何变化，这些基本问题都是我们认识广告的"抓手"，也是认知广告基本价值的所在。因此，全书并无常见的诘屈聱牙的表达，而是将广告基本问题非常顺畅地连接起来，循循善诱，将读者一步步地牵进书里，让读者明了"什么是广告""什么是好广告""广告说什么""广告怎么说""两种广告诉求方法""说好故事的幽默与恐惧方法"等。作为一个读者，我发现，这样的书看起来轻松极了，而在轻松的阅读过程中，该掌握的知识点，都在不知不觉中掌握了。因此，我认为这是一本广告专业学生必读而且会喜欢读的广告专业书。

轻松地表达与轻松地阅读，并不意味着简单的学理知识与浅显的学理研究。卫华非常机智地将自己在广告伦理学、广告符号学、广告创意思维、广告诉求方法等方面的深入研究融入该书稿，在貌似轻松的表达中，藏着深刻而独到的研究视野与研究成果。所以，我认为，这本书同样会让从事广告研究的读者掩卷深思。因为，这本书体现了作者的深入思考与独特视野。

广告不疯狂。广告不仅不疯狂，它还是市场经济环境下必须正视、必须尊重的存在；广告不仅不疯狂，广告的理性还藏在感性的艺术之光背后，推动着人类社会走向更具创造性的、更美好的未来。

期待卫华未来的书，还是有关广告的。因为，这片领地需要有人坚守。而卫华，是一个"坐得冷板凳，终成一家言"的学者。

浙江大学　胡晓云

2019 年 12 月 16 日

于杭州青芝坞　欢庭时光

引　言

　　说起广告,每个人都有话可说。有人抱怨:广告真讨厌,挤占了本来就不多的休闲时间。也有人赞美:广告挺好的,让生活增添了不少乐趣。许多人常常感叹:广告人"脑洞"真大,总是充满了奇思妙想。广告人则不时吐槽:广告不易、创意不易,"且行且珍惜"。

　　无论怎么看,广告都是无法回避的存在。广告已然成了现代社会生活不可或缺的组成部分。法国广告评论家罗贝尔·格兰曾经说过:"我们呼吸着的空气,是由氮、氧和广告组成的。"尤其是对于生活在城市的人来说,广告已经成为都市律动的脉搏,是市场繁荣和商业文明的指针。

　　与此同时,广告还在悄悄地改变着我们,改变着我们的消费习惯,改变着我们的生活方式,改变着我们对世界的理解,也改变着我们对自己的认识。正如美国经济史学家 D. M. 波特所说:"论社会影响,广告可以同由来已久的机构(如学校、教堂)相比,它统治了媒介,对大众标准的形成有巨大的影响,他是很有限的几个起社会控制作用的机构中货真价实的一个。"

　　不过,广告其实是一个大家熟悉的陌生人。说"熟悉",是因为广告日常可见,真可谓躲无可躲、逃无可逃;说"陌生",是因为广告的一系列基本问题,看起来非常简单,但回答起来并不容易。诸如:广告是什么样子的? 什么是广告? 什么是好广告? 广告说了什么? 广告怎么说的? 广告是讲道理,还是说故事？广告如何说好故事？……

广告为人熟知的，是它的"台前"。广告如同一场街头演出，无论条件多么简陋，也要竭尽全力地表现出"锣鼓喧天，鞭炮齐鸣，红旗招展，人山人海"的景象。这时的广告，常常天马行空、语不惊人死不休，一副洒脱、任性、狂放不羁的模样。而不为人知的，则是广告的"幕后"。在那里，为了演出的成功，紧张却有序的调度是不可少的，广告的所有要素无一不是经过精心设计的，无一不受到市场策略的规约。因此，广告完全变成了另一副模样：理性、克制，甚至懦弱、小心谨慎。

正因为如此，那些看起来特别简单的问题，也可能变得极不简单。因为它们虽然呈现于广告的"台前"，但关联着广告的"幕后"。它们如同案发现场发现的重要线索，虽然看起来细微，似乎并不重要，却可能为案件的侦破提供方向，从而形成重大突破。因此，对这些问题的追问、思考和探究，不仅仅可以满足公众心中广泛存在的好奇心，具有较强的现实意义，而且可能触及广告学理论的根本问题，呈现出很高的学术价值。

当然，这些基本问题很多，但笔者暂且聚焦于相互关联的八个问题，尝试引入传播学、新闻学、心理学、社会学、符号学等学科的理论资源，并在尽可能丰富的案例素材的基础上，力图深入浅出地做出自己的回答。

第一章重点关注现代广告形态变迁的路径及其背后的逻辑，并提出广告与新闻的混杂是现代广告形态化的起点，而广告与新闻的分离正是现代广告形态化的动因，同时，"硬广告"是现代广告形态化的核心路径，"软广告"则是现代广告形态化的边缘路径。总的来说，笔者认为，广告形态变化看起来是媒介技术发展的成果，本质上却是人与技术相互撕扯和调适的产物。

第二章在展示"广告的历时性认识和认识的历史性"基础之上，着重对广告的本质进行了符号学的延伸讨论，力图统一两种不同的视角，即"文本观"和"活动论"，并揭示广告概念的符号学本质。在笔者看来，意向性和意动性，以及意义生产和意义传播，共同构成了广告的符号学特征。

第三章从广告的创意评价、广告的销售效果评价、广告的传播效果评价以及广告的社会文化批评四个层面，梳理了优秀广告的多维评价标准，并力促基本共识的达成,即销售是广告存在的基本价值和前提条件,同时广告必须主动担当起应有的社会责任。

第四章关注广告作为一种传播活动,首先要解决主题问题,剖析了广告主题的四种结构类型,考察了广告主题的三个重要来源,并阐明了广告主题与核心概念、USP(Unique Selling Proposition)以及定位之间的关系。

第五章试图廓清对广告创意的宽泛认识,而将广告创意聚焦于对广告主题的表达所形成的艺术构思,提出广告创意就是形象化转换的过程,探讨了广告形象思维本质以及其与诗性思维、直觉、灵感、顿悟的关系,并进一步论证了广告创意与广告主题之间的三种距离关系。

第六章从态度心理和说服路径入手,引出了广告的两种诉求方式,即理性诉求和感性诉求,以及与其对应的"讲道理"和"说故事"。笔者认为,并不擅长"讲道理"的广告却是"说故事"的高手,叙述式广告日益成为广告的主流形式,广告从对产品的关注转向对人的关怀。这种伦理转向,让广告更加动人,也让世界更有温度。

第七章讨论了幽默广告的概念、类型、作用机制以及传播效果。相关研究证实,幽默广告对应人的基本情绪类型——"喜",并伴随着开心、快乐、好玩等积极的情绪体验,可以有效地增强广告对受众的吸引力以及受众对广告及品牌的偏好度,从而让消费者心"悦"诚服。

第八章抓住了人的另一种基本情绪类型——"惧",着重研究了恐惧概念、恐惧心理的特点、恐惧诉求的概念、恐惧诉求的作用机制等,力图揭开恐惧诉求广告背后的秘密。笔者主张,人们对恐惧总是抱有矛盾的心态,一方面恐惧会引发焦虑和不适,伴随着逃避等负面情绪;另一方面,恐惧又会带来强烈的刺激感和好奇心。因此,恐惧诉求始终是一把"双刃剑"。

当然,广告基本问题绝不仅限于此,对广告基本问题的探究更不会止步于此。这本书显然只是一个初步的尝试。广告不疯狂,广告一点也不疯狂!

目　录

第一章　广告是什么样子的

——现代广告形态变迁的路径及逻辑

广告是什么样子的？这应该算是一个最"热闹"的问题。对于每天跟广告打交道的我们来说，似乎每个人都可以根据自己的经验，来详细地描述广告的模样，从而轻而易举地回答这个问题。

当然，肯定会有人质疑这个问题里面有多少"门道"，甚至断定这是一个肤浅的问题，或者是一个不成问题的问题。这种看法，自然会得到一些广告专业人士的认可，而被他们不假思索地列入不值得研究的问题。

但笔者想正经地来讨论这个问题，并将其作为本书的首要问题来开篇。用学术的话语来说，讨论"广告是什么样子的"，实际上就是追问广告形态问题。"形态"一词，原义为"生物体外部的形状"，泛指"事物的形状或表现"。可以说，广告形态就是指"广告的外在式样和表现形式"。

一直以来，广告形态被看作孤立、静止的现象。广告学教材和专著大都习惯性地以媒体类型作为标准，对广告形态做简单分类，诸如报纸广告、杂志广告、广播广告、电视广告、互联网广告等，很少用动态的眼光来审视广告形态，也很少跨越媒介地来考察广告形态及其变迁，更少深层次地思考这种变迁背后的逻辑。（见视频1-1）

视频1-1

事实上,广告自诞生以来,其形态就一直处于不断的演变之中。同一媒体类型的广告,其形态并不是一成不变的;同时,不同媒体类型的广告之间,又存在着微妙的内在关联。从深层次来说,特定的广告形态往往勾连着特定的广告理念,暗含着相关主体之间的结构关系,并且表达着特定的伦理取向和价值追求。

也就是说,广告形态的演变绝非只是简单的外在式样的变化。而且,这些变化虽然是被广告所依托的媒体技术的发展所驱动的,但也折射出广告相关主体之间伦理关系的变化和调适。当然,笔者并不打算罗列每一种具体的广告形态,而是力图归纳出现代广告形态的重要模式,梳理现代广告形态的变迁路径,并从伦理视角来探讨现代广告形态变迁的动因及逻辑。

在正式讨论之前,笔者还要做一个限定。尽管广告存在的时间可以追溯到很久远的年代,但广告得以突破时空的限制,成为一种与教堂和学校相提并论的重要社会建制,则是在18世纪现代广告出现之后。因此,本章的讨论将限定在"现代广告"的框架之下,暂时不涉及古代的原始广告形态。

第一节　现代广告形态变迁的起点:广告与新闻的混杂

所谓现代广告,一般是指广告通过付费的方式,刊载于大众新闻媒体之上,并通过大众新闻媒体得以广泛传播,由此而发展出专门从事广告行业的广告从业者和广告公司,并逐渐形成较为规范的广告运作流程和较为系统的广告理论。

从一定程度上说,现代广告的特点和前提,是"大众新闻媒体"的出现和应用,更加准确地说,是"现代报刊"(常被称为"近代报刊")的出现和应用。从起源的角度看,现代意义上的广告与新闻孕育于同一个母体,广告与新闻几乎同时出现在近代报刊之中,并在相当长的一段时间内相互混杂、难分彼此。

广告与新闻的亲缘性,尤其是广告是有关产品或服务的新闻的认识,在很大程度上定义了广告形态,并以此为核心构建起早期的现代广告伦理。

一、广告与新闻历史上的亲缘性

一般来说，13—14世纪欧洲出现的"新闻信"，被认为是近代报刊的雏形。这些"新闻信"上，刊载的新闻信息大多是市场行情和商品信息，其实质就是一种工商业广告。

到了15—16世纪，地中海沿岸的威尼斯出现了最早的手抄报纸，上面提供一些商业与交通信息①，用今天的眼光来看，这实际上也是商业广告信息。也就是说，在近代报刊孕育之初，广告是以商业信息的形态存在的，与新闻并没有明显的区别。

真正意义上的近代报刊出现之后，广告依然夹杂在新闻版面里，以类似于新闻稿的写法来传达广告信息。如，美国的第一则付费广告是1704年刊载在《波士顿新闻信札》上的一则"房地产广告"——"在纽约长岛的奥伊斯特湾，有座完好宽大的作坊欲出租或出售，还有一座种植园，园内有座大砖房，旁边另有一座完好的房子可用作厨房或工作间，建有谷仓、畜园，还有一座尚未结果的小果园以及20亩裸地。作坊可与种植园一并或单独租赁，欲知详情请询问纽约印刷商威廉·布莱福德先生。"②（见图1-1）虽然这则广告的文案结构已经出现了"尾文"（也可称为"附文"），但其整体形态与新闻无异，不仅全部都由文字组成，而且文体风格、编排方式都与新闻稿件相似，被挤在密密麻麻的新闻版面之中。（见视频1-2）

视频1-2

不仅如此，当时的广告还直接采用了后来仅限于新闻的格式和写法。如，美国最早出现的杂志广告，即刊载在《民众杂志》1741年5月号的一则船讯广告——"由于是邮政路线，而且还是从安纳波利斯到威廉斯堡的捷径，现在波托马克河上开辟航班渡轮（系由本刊赞助人开办），届时所有的先生都可以在该处乘坐一条性能优良的新船，船上配有称职的水手。由波托马克邮局副局

---

① 陈培爱. 中外广告史新编[M]. 北京：高等教育出版社，2009:232.

② 朱丽安·西沃卡. 肥皂剧、性和香烟——美国广告200年经典范例[M]. 周向民，田力男，译. 北京：光明日报出版社，1999:18.

图 1-1 美国第一则广告(见图右栏用线标示的部分)

长理查德·布莱特供稿。"[1]以今天的标准而论,这种"由……供稿"的表述方法,明显是新闻特有的文体风格。但是,至少在当时,这种写法是可以直接运用于广告中的,广告与新闻的亲缘性可见一斑。(见视频1-3)

视频1-3

让我们小结一下:在现代广告发展的初期,广告在形态上与新闻并没有明确的区分,不仅在版面上与新闻融合在一起,而且在写法上也几乎没有区别。这是现代广告形态变迁的起点,也是考察现代广告形态的基点。

---

① 朱丽安·西沃卡. 肥皂剧、性和香烟——美国广告200年经典范例[M]. 周向民,田力男,译. 北京:光明日报出版社,1999:21.

二、社会公众对早期广告的基本认识

广告与新闻的亲缘性,也间接地反映在当时社会公众对早期广告的基本认识之上。直到19世纪90年代,西方社会对广告公认的一般定义仍是"广告是有关商品或服务的新闻(news about product or service)"。广告被看作一种起告知作用的、与新闻报道相类似的传播手段。[1]

正是基于这样的理念,报刊作为广告发布的载体,对广告的形态确定了极为苛刻的限制性要求。如美国早期的一份大众化报纸《纽约信使报》,对广告采取了严格的限制政策,不仅规定每天出售的广告版面仅限于一个正方形单位,而且"大胆地禁发所有炫耀性广告,声称这种广告对在媒体发布小版面广告的人不公平[2]。其他报纸很快同样禁止刊载炫耀性广告,到1850年美国的插图广告几乎在大众化报纸上绝迹。[3]

其实,即使在美国,广告的美化和诱导也早在1728年左右就已初现端倪。被誉为"美国广告之父"的本杰明·富兰克林对此做出了突出的贡献,他不仅率先在广告中运用插图,使用凸版活字印刷,而且创造性地在广告写作中运用空白及大标题。

只不过,这种创新没有成为当时广告的主流,而是被报刊普遍反对,并加以严格限制。"当时典型的报纸版面,看起来很像我们今天的招聘广告或法院公告,几乎没有空白处和插图用来把广告和正文分开。"[4]

作为近代报刊的代表,1833年创刊的《纽约太阳报》,开创性地售价1美分,以求低价多卖,用广告来补贴报刊的运营,与当时更为普遍的5美分或6美分报纸开展竞争。即使如此,《纽约太阳报》亦严格限制广告,"仅售它每天发

① 张金海. 20世纪广告传播理论研究[M]. 武汉:武汉大学出版社,2002:91.

② 朱丽安·西沃卡. 肥皂剧、性和香烟——美国广告200年经典范例[M]. 周向民,田力男,译. 北京:光明日报出版社,1999:43.

③ 朱丽安·西沃卡. 肥皂剧、性和香烟——美国广告200年经典范例[M]. 周向民,田力男,译. 北京:光明日报出版社,1999:43.

④ 朱丽安·西沃卡. 肥皂剧、性和香烟——美国广告200年经典范例[M]. 周向民,田力男,译. 北京:光明日报出版社,1999:42.

行版面上一样宽度、容纳十行文字、方方正正的一块标准单位"①。

可见,至少在现代广告发展的初期,广告就是有关商品或服务的新闻,这是当时社会广泛存在的观念。直到19世纪末,广告的形态也没有完全突破发布新闻性信息的习惯思维和基本模式。

第二节　现代广告形态变迁的动因:广告与新闻的分离

广告之所以有今天的模样,当然是广告与新闻分离的结果。毕竟,广告的取向与新闻是完全不同的。对于广告而言,创意表达的内在冲动无法抑制,迟早会突破新闻性信息的模式。只不过,这种突破未必有一个清晰的时间节点,而更可能是一个漫长而渐进的过程。

在此过程中,双重因素的共同推动是至关重要的。一方面,广告为了吸引注意,倾向于创意表达,追求"语不惊人死不休"的效果,不断发展出形式多样的表现方式;另一方面,伴随着近代新闻事业的发展,以客观性为核心的新闻文体、写作方法以及管理制度逐渐形成。正是这两种不同的伦理取向,让广告与新闻渐入殊途。

一、广告对创意表达的不懈追求

广告与新闻不同,它是一种商业性传播活动。广告肩负着广告主的使命,即实现广告的商业性传播目的。为了达成这个目的,广告必然要发展出形式多样的创意表达方法。

插图的运用,就是广告追求创意表达的重要成果之一。作为第一位已知的在报纸广告中运用插图广告的美国人,本杰明·富兰克林在1728年创办《宾夕法尼亚报》后,就率先采用了凸版活字印刷,并在广告中配有细节插图;

---

① 朱丽安·西沃卡. 肥皂剧、性和香烟——美国广告200年经典范例[M]. 周向民,田力男,译. 北京:光明日报出版社,1999:43.

同时,还从细节上对广告进行改良,如把每条广告都用空白分离出来,广告上方居中是大14点标题,并增设1英寸砧木木刻插画;对于特殊的顾客,创新了惯用的雕版印刷图版,并偶尔配上装饰性的顶边。这些插图能使读者立即辨别出广告的性质。[1](见视频1-4)另外,1839年照片的发明和细节插图的印刷能力的创新,给予广告客户一种展示商品的新方式,[2]也让广告插画这种创意表达形式如虎添翼。

视频1-4

文字的排版也开始变得生动活泼,并成为突破当时限制政策的创意表达方式之一。1847年至1850年,《纽约信使报》对广告的限制政策被大多数报刊采纳,因此插图广告几乎在小报上绝迹。但富于创新精神的广告客户,耍些花招绕过严格的限制条件,改头换面地玩起了"铅字把戏",他们非常聪明地使用空白处和组合形状构成新颖的形象,来吸引人们的注意力。例如,布莱迪美术馆广告用小号铅字拼成三个1英寸大小的数字,来代表该馆在第五大街的地址,从而避开了"5.5磅铅字并且不允许炫耀"的严格限制(见图1-2);另一个商店则将其假日广告信息,排成一棵圣诞树的形状,读者或许会觉得这类广告文字难以阅读,可是这类广告的形式确实能引人注目。

不仅仅是在美国,从全球广告发展的角度来看,广告表达手段的创新也是一股不可阻挡的潮流。早在18世纪中期,英国等欧洲国家就已经出现了优秀的广告创意作品,其中最有名的是75行字的沃伦鞋油广告。广告上部画了一双使用沃伦鞋油擦过的光亮皮鞋,一只猫正在吃惊地怒视着皮鞋上自己的影子。此广告经久不衰,在英伦三岛各报刊上刊登了20年之久。

---

[1] 朱丽安·西沃卡. 肥皂剧、性和香烟——美国广告200年经典范例[M]. 周向民,田力男,译. 北京:光明日报出版社,1999:18.
[2] 朱丽安·西沃卡. 肥皂剧、性和香烟——美国广告200年经典范例[M]. 周向民,田力男,译. 北京:光明日报出版社,1999:38.

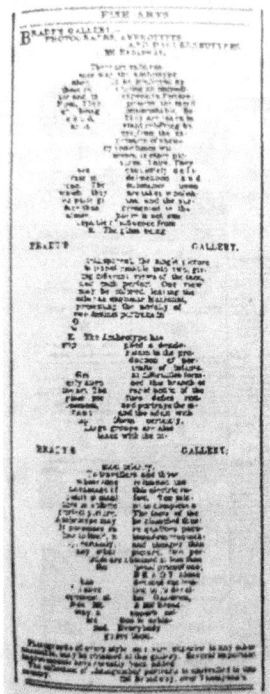

图1-2　布莱迪美术馆广告（1856年）

二、新闻客观性伦理的确立及发展

新闻虽然与广告一样同是信息，但新闻是一种新鲜、及时的信息，与广告矢志于创意表达不同的是，它追求对最新发生的事实的及时报道，因而必然走上与广告完全不同的道路。

近代报业产生以前，新闻报道主要采用的是文学记叙文的形式。直到18世纪末19世纪初，新闻才初步摆脱与文学纠缠不清的状态，成为一个独立的社会文化品种。根据英国学者吉登斯的研究，新闻与文学和评论划清界限是在1800年前后。新闻报道取代了过去的长篇大论，新闻文体也趋向于清晰、准确、简单的风格。

有学者明确指出："1844年电报的发明和1861年到1866年的美国南北战争真正催醒了新闻文体的自觉意识，其直接体现是倒金字塔结构的消息文体的出现。"①倒金字塔结构把最主要的信息,以五要素齐全的形式,全部放在导语之中;并按照重要性递减原则,将其他次要信息依次安排。这种形式契合了电报的技术特点,间接明确、防止传递故障,同时也契合了新闻的客观报道需求,有利于读者及时掌握重点,同时也有利于记者写稿,有利于编辑删减等。②

　　中国近代新闻业相较于西方而言发端较晚,但其文体演变路径与西方基本相同。有学者指出,中国式新闻体裁主要源于极为繁复的古典文学。但在鸦片战争后,中国社会的剧变,商业的渐趋繁盛,刺激了人们对新闻的需求,新闻写作不再无选择地搬套古典文学样式,而开始注意选用其中比较合适的文体,这就是注重叙事而表达简约的记叙文。一些反映商情、灾害、战争等的消息,被要求准确、快速、一目了然,而古代记叙文对此难以适应,这迫使写作上进一步突破和创新,文字简明、叙事直接、要素齐备渐成新闻体裁的特点。19世纪80年代,电报开始被引入中国,我国中文报纸上第一则新闻电讯于1874年1月30日出现在《申报》上,1881年12月天津到上海的有线电报创始。电报的使用,对新闻体裁的变革和写作改进产生了巨大影响。③可见,中国近代新闻业虽然吸收了古典文学的精华,但与西方一样,尤其是在电报技术的推动下,朝着客观记叙方向发展,形成了独立的新闻文体。

　　随着大众报刊的发展,通栏或多样标题,多种形式的导语,各种图画、照片开始得到广泛运用,新闻报道的文体和风格也日益多样化。④"西方报界在报道方式上发生了多次明显的变革。"值得注意的是,19世纪中期以后出现了客观性报道。以《纽约时报》为代表,其主张把言论和新闻完全分开,新闻报道注重事实而不加渲染,坚持"公正地报道新闻,无畏无惧,不偏不倚,并无分党派、地域或其他特殊利益"。可以说,在《纽约时报》身上,最大限度地体现了西方主流传媒的职业精神和职业主义理想。⑤

---

① 齐爱军. 新闻文体发展演变的动力机制探讨[J]. 新闻界,2006(4):10-11,13.
② 曾庆香. 新闻叙事学[M]. 北京:中国广播电视出版社,2005(1):48.
③ 兰元,马龙,刘晓震. 中国新闻体裁演进问题新探[J]. 吉林师范大学学报(人文社会科学版),2011(2):88-90.
④ 刘笑盈. 中外新闻传播史[M]. 北京:中国传媒大学出版社,2012:148.
⑤ 刘笑盈. 中外新闻传播史[M]. 北京:中国传媒大学出版社,2012:167.

新闻客观性伦理的背后,是新闻观念的深刻变化。新闻媒体的首要功能是新闻报道,广告只是为了新闻报道而延伸出来的次要功能或辅助功能。事实上,大众化报纸通过广告等形式,建立了"体外循环"的盈利模式,即"通过出售传播新闻的空间和时间换取广告收入,或以各种方式得到各种经济资助"[①],告别了党同伐异的党报时期,形成了以独立、客观为核心诉求的新闻伦理。

在客观性新闻伦理框架下,新闻业在高度依赖广告为其"造血"的同时,又对广告可能对新闻职业主义的侵蚀保持警惕,并发展出一套将广告与新闻分离开来的制度。一方面,新闻业总结了一套新闻写作的格式规范,并严格禁止广告"新闻化";另一方面,新闻媒体将采编部门与经营部门相隔离,并规定广告人员不得从事新闻采编,采编人员不得从事广告经营。这些制度力图创造广告与新闻在形态上的差异,从而塑造和强化公众对媒体独立性和新闻客观性的认知,构建和维护新闻客观性的意识形态"神话"。

总之,广告对创意表达方式的追求,以及新闻以客观性为基础的伦理确立和发展,共同推动了广告的形态化,即广告与新闻走上了不同的形态化发展道路。

第三节　现代广告形态变迁的核心路径:"硬广告"——可识别性

伴随着大众化报刊的发展,尤其是近代新闻伦理的建立,广告开始具有可识别性,并且将这种可识别性建立在受众的知情权之上,从而获得公开说服的合法性。即,广告说服必须在消费者知晓的前提下进行,以防止广告可能出现的误导甚至是操纵,而对消费者权益带来损害。

正是基于广告可识别性的基本要求,"硬广告"成为广告形态化的核心路径。它不仅成为贯穿现代广告发展的主线,而且构建起了现代广告的合法性,并成为奠定现代广告理论的基石。

---

① 黄旦. 新闻传播学(修订版)[M]. 杭州:杭州大学出版社,1997:57.

一、“硬广告”的时空切割模式

所谓“硬广告”，是业界发展起来的一个通俗的概念，泛指那种具有较高可识别性的广告。在笔者看来，这些“硬广告”的可识别性，往往是通过时空切割来实现的。

所谓时空切割，具体来说，就是通过对报刊的版面（空间）或广播电视的时段（时间）进行切割，将广告与其他内容分离开来，形成独立的广告版面或广告时段，使广告具有较为明确的外在式样。

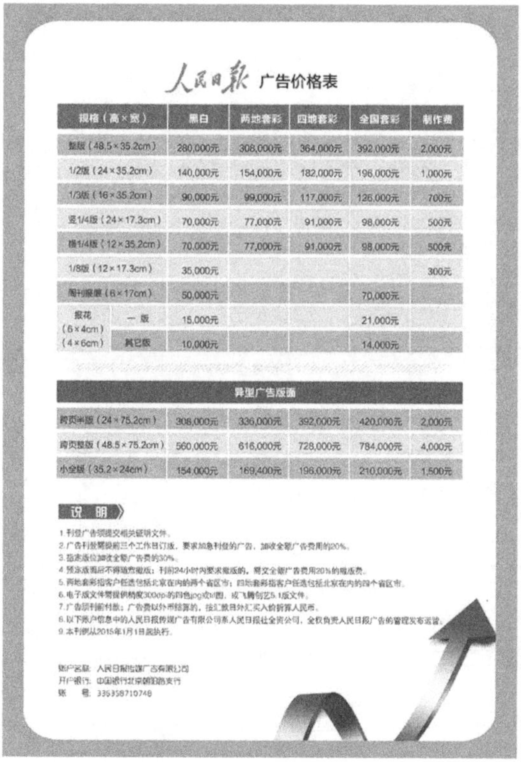

人民日报 广告价格表

规格（高×宽）	黑白	两地套彩	四地套彩	全国套彩	制作费
整版（48.5×35.2cm）	280,000元	308,000元	364,000元	392,000元	2,000元
1/2版（24×35.2cm）	140,000元	154,000元	182,000元	196,000元	1,000元
1/3版（16×35.2cm）	90,000元	99,000元	117,000元	126,000元	700元
竖1/4版（24×17.3cm）	70,000元	77,000元	91,000元	98,000元	500元
横1/4版（12×35.2cm）	70,000元	77,000元	91,000元	98,000元	500元
1/8版（12×17.3cm）	35,000元				300元
刊报眼（6×17cm）	50,000元			70,000元	
报花（6×4cm）（4×6cm） 一版	15,000元			21,000元	
报花（6×4cm）（4×6cm） 其它版	10,000元			14,000元	
异型广告版面					
跨页半版（24×75.2cm）	308,000元	336,000元	392,000元	420,000元	2,000元
跨页整版（48.5×75.2cm）	560,000元	616,000元	728,000元	784,000元	4,000元
小全版（35.2×24cm）	154,000元	169,400元	196,000元	210,000元	1,500元

说　明

1.刊登广告须提交相关证明文件。
2.广告刊登需提前三个工作日订版，要求加急刊登的广告，加收全额广告费用的20%。
3.指定版位加收全额广告费的30%。
4.预定版面后不得随意撤版；刊前24小时内要求撤版的，需交全额广告费用20%的撤版费。
5.两地套彩指客户任选包括北京在内的两个省区市；四地套彩指客户任选包括北京在内的四个省区市。
6.电子版文件需提供精度300dpi的四色jpg或tif图，或飞腾创艺5.1版文件。
7.广告须刊前付款；广告费以外币结算的，按汇款日外汇买入价折算人民币。
8.以下账户信息中的人民日报传媒广告有限公司系人民日报社全资公司，全权负责人民日报广告的管理发布运营。
9.本刊例从2015年1月1日起执行。

账户名称：人民日报传媒广告有限公司
开户银行：中国银行北京朝阳路支行
账　　号：335358710748

图 1-3　《人民日报》广告价格表

以报刊为例，通过对其版面进行切割，报刊推出了固定的广告版面以及具体的规格。直至今天，报刊广告大部分都采用这种版面切割模式。以《人民日报》为例，其刊登的12种广告规格，包括跨页整版（48.5×75.2cm）、整版（48.5×35.2cm）、跨页半版（24×75.2cm）、小全版（35.2×24cm）、1/2版（24×35.2cm）、1/3版（16×35.2cm）、竖1/4版（24×17.3cm）、横1/4版（12×35.2cm）、1/8版（12×17.3cm）、周刊报眼（6×17cm）、一版报花（6×4cm或4×6cm），以及其他版报花（6×4cm或4×6cm），都是以版面位置和尺寸作为标准的。[①]（见图1-3，视频1-5）

视频1-5

广播电视广告，则是通过对时段进行切割，来实现广告形态化的。以中央电视台CCTV-1新闻综合频道为例，不同栏目（时段）的广告，因为收视率不同，价格差异甚大，而广告只有6种规格，即5秒、10秒、15秒、20秒、25秒、30秒。[②]（见图1-4）

2019年CCTV-1综合频道刊例价格

有效期：2019年1月1日-2019年12月31日（不含春节期间2月4日-2月19日）　　单位：人民币元/次

名称	播出时间	5秒	10秒	15秒	20秒	25秒	30秒
广告001	约5:55	20,100	30,400	38,000	51,700	60,800	68,400
生活圈中插1	周一至周五，08:33-09:20间	20,700	31,200	39,000	53,000	62,400	70,200
生活圈中插2	周一至周五，08:33-09:20间	20,700	31,200	39,000	53,000	62,400	70,200
广告002	周六、日，约09:21	20,100	30,400	38,000	51,700	60,800	68,400
上午精品节目前	约09:23	20,100	30,400	38,000	51,700	60,800	68,400
第一精选剧场第一集贴片	9:25-11:00间	23,900	36,000	45,000	61,200	72,000	81,000
第一精选剧场第二集贴片	9:25-11:00间	29,200	44,000	55,000	74,800	88,000	99,000
第一精选剧场第三集贴片	9:25-11:00间	32,900	49,600	62,000	84,300	99,200	111,600
上午精品节目后	约11:54	47,300	71,400	89,300	121,400	142,900	160,700
新闻30分前	约11:57	47,300	71,400	89,300	121,400	142,900	160,700
今日说法前	约12:32	52,500	79,200	99,000	134,600	158,400	178,200
今日说法中插1、2	周一至周五12:36-13:16间 / 周六日12:35-13:30间	57,200	86,400	108,000	146,900	172,800	194,400
今日说法后	周一至周五约13:18；周六日约13:31	46,600	70,400	88,000	119,700	140,800	158,400
下午精品节目前	周一至周五约13:20；周六日约13:33	40,300	60,800	76,000	103,400	121,600	136,800
第一情景剧场第一集贴片	14:00-16:00间	32,900	49,600	62,000	84,300	99,200	111,600
第一情景剧场第二集贴片	14:00-16:00间	31,500	47,600	59,500	80,900	95,200	107,100
第一情景剧场第三集贴片	14:00-16:00间	30,200	45,600	57,000	77,500	91,200	102,600
下午精品节目（一--五）	16:00-17:48间	28,400	42,900	53,600	72,900	85,800	96,500
18点精品节目前	约17:58	36,300	54,700	68,400	93,000	109,460	123,100
黄金档剧场第一集前情提要前	约19:59	106,000	160,000	200,000	272,000	320,000	360,000
黄金档剧场第一集贴片	周一至周四约20:01；周五至周日20:00-22:00间	104,400	157,600	197,000	267,900	315,200	354,600
黄金档剧场第一集下集预告前	周一至周四约20:52；周五至周日20:00-22:00间	98,100	148,000	185,000	251,600	296,000	333,000
黄金档剧场集间	周一至周四约20:55；周五至周日20:00-22:00间	94,900	143,200	179,000	243,400	286,400	322,200
黄金档剧场第二集贴片	周一至周四约21:01；周五至周日20:00-22:00间	96,500	145,600	182,000	247,500	291,200	327,600
黄金档剧场第二集下集预告前	约21:52	86,900	131,200	164,000	223,000	262,400	295,200
黄金档剧场后	约21:53	82,200	124,000	155,000	210,800	248,000	279,000
晚间新闻前	约21:58	77,900	117,600	147,000	199,900	235,200	264,600
晚间新闻后	约22:31	63,600	96,000	120,000	163,200	192,000	216,000
22:30精品节目前	约22:36	63,600	96,000	120,000	163,200	192,000	216,000
22:30精品节目中插1、2	22:38-23:30间	61,000	92,000	115,000	156,400	184,000	207,000
23:30精品节目前	约23:35	41,300	62,400	78,000	106,100	124,800	140,400
23:30精品节目中插1、2	23:36-24:30间	41,900	63,200	79,000	107,400	126,400	142,200
夜间精品节目一	约24:32	27,100	41,000	51,200	69,600	81,900	92,200
夜间精品节目二	约25:30	24,400	36,800	46,000	62,600	73,600	82,800

图1-4　中央电视台综合频道广告刊例价

---

①《人民日报》广告价格表［EB/OL］．http://www.people-media.cn/comm/content.asp？key=a_price，2017-03-09．

② 2019年CCTV-1综合频道刊例价格［EB/OL］．http://1118.cctv.com/3/01/index.shtml，2017-03-09．

这种切割方式也被移植给了互联网展示类广告。如央视新闻APP推出的展示类广告就只有3种，即启动页启动图广告（苹果jpg<100k，640×760或640×880；安卓jpg<100k，720×768或480×512）、首页中部通栏广告（苹果jpg<33k，580×140；安卓jpg<46k，680×164）以及底层页底部通栏广告（苹果jpg<33k，580×140；安卓jpg<46k，680×164）。（见视频1-6）

视频1-6

用黄旦教授的话来说，新闻事业是"按特殊的经济规律运行"的，其核心就是"通过出售传播新闻的空间和时间换取广告收入"[①]。当然，新闻媒体出售的空间和时间，往往是通过分隔线、装饰纹等方式硬性地切割出来的，从而使得广告与新闻事实性地分离开来，同时使广告获得了最为显著的形态特征，即广告可识别性。

二、"硬广告"携带的"强制性"特征

这种"硬广告"除了外在形态的可识别性之外，也携带着内在的"强制性"特征，即强制性打断正常媒介使用过程（包括阅读、收听、收看等），强制性地将广告信息呈现在受众面前。

以报纸为例，具有可识别性的"硬广告"虽然与其他内容一同呈现于报端，但因为采取了版面切割的方式，其与其他内容（尤其是新闻）从形态上分离开来。从阅读角度而言，广告版面是夹杂在报纸内容（包括新闻）之中的，强制性地出现在读者的眼前，因此读者在阅读报纸时不时被广告打断，而不可能从上到下、从头到尾，一贯到底。这种"强制—打断"模式暗含着基本假设，即广告以强制方式打断了读者的正常阅读，从而使广告信息获得曝光机会（exposure）。当然，报纸阅读对于读者而言也类似于一种程式化的训练，一段时间后他们一般都会发展出来较为娴熟的阅读技巧，诸如略读、跳读等，从而轻而易举地克服广告的"强制性"。这种略读、跳读直接导致报纸广告的阅读率远低于报纸其他内容（尤其是新闻），造成了报纸广告效果大打折扣；正因

---

① 黄旦. 新闻传播学（修订版）[M]. 杭州：杭州大学出版社，1997：57.

为读者掌握着较强的阅读主动权,因此报纸广告的"强制性"并未受到过多的关注。

至于广播电视"硬广告",也同样沿用了上述"强制—打断"模式,广告插播在节目内容之中(包括开头和结尾),暂时中断节目的正常播出,强制性地呈现在听众和观众的面前,从而使广告信息获得了曝光机会。不过,报纸版面的空间切割让位于广播电视时段的时间切割,这让电视广告有了某些微妙的变化:与报纸内容空间上的结构性分布不同,广播电视内容是在时间轴上线性分布。因此,与报纸的读者不同,听众、观众缺少收听、收看主动权。为了不错过广播、电视的精彩内容,听众、观众往往更多地被迫收听、收看插播其中的广告。尽管经验丰富的听众、观众也会习得收听、收看经验,把广告时段作为节目空当,去做点其他的事情,但总的来说,广播电视广告插播的"强制性"特征,相较于报纸广告更容易受人关注,并不时成为人们抱怨和投诉的焦点。

三、基于可识别性的广告合法性

其实,现代广告的合法性就是建立在广告的可识别性之上的。可以说,具有较高可识别性的现代广告(即"硬广告"),在新闻媒体、广告商以及受众(消费者)三者之间,达成了一种特殊的利益平衡,并确立了特殊的伦理秩序。

对于新闻媒体而言,新闻媒体通过广告的可识别性,公开宣称了广告商业性的本质,让自己在刊播广告赚取广告费的同时,无须为广告所传递的商业信息"背书",从而豁免或部分豁免了其可能承担的道德或法律责任;与此同时,新闻媒体通过可识别性,搭建起广告与其他内容(尤其是新闻)的制度性"壁垒",在一定程度上抵御甚至避免广告背后的经济力量的干预,从而更好地宣示其独立、客观的新闻职业主义意识形态。

对于广告商而言,"硬广告"往往是新闻媒体公开售卖的"商品",不同的版面和时段均明码标价、公开交易;少数版面和时段,甚至采取招标或拍卖的方式销售。同时,在广告内容合法合规的前提下,广告客户对"硬广告"的具体内容和表现形式拥有较为充分的自主权,而不受新闻媒体的直接干预。基于此,广告才能够成为企业和品牌开展市场竞争的重要工具之一,并作为一种公开、公平的市场化机制,实现市场资源的优化配置,推动企业和品牌的优胜劣汰。

对于受众(消费者)来说,广告的可识别性相当于消费者与企业和品牌之间达成的"协议",即"硬广告"在理性人的假设前提下,确立了消费者"知情—自审"的伦理原则。也就是说,广告通过可识别性公开宣称了其商业性本质,在一定程度上满足了消费者的知情权,因此,消费者(未成年人等特殊群体除外)应该自己辨别广告信息,自主做出消费决策,并自行对消费结果负责。与此同时,广告的可识别性也是消费者与新闻媒体之间达成的"协议",即"硬广告"可以强制性呈现广告信息,并打断正常的阅读、收听、收看过程。受众认识到新闻媒体的"体外循环"对于新闻事业的运行和发展而言,都是至关重要的。因此,他们必须在一定程度上容忍"硬广告"对版面和时段的占用,才能享受到高质量的媒体内容(包括新闻、娱乐等)服务。

当然,"硬广告"并不是完美无缺的,其重大的缺陷也恰恰来源于其假设。如前所述,"硬广告"本质上采用的是一种"强制—打断"模式,它暗含的假设是广告打断受众的媒体使用过程,强制性地将广告信息呈现在受众面前,从而实现广告传播效果。但这种"强制—打断"模式,可能会降低甚至破坏受众的媒体使用体验感,并在一定程度上形成广告侵扰(试想下不请自来的网络弹窗广告),因而滋生出受众对广告的各种不满,同时也促使受众创造出各种回避的技巧(如报纸阅读中的跳读、略读,广播电视中插播广告时使用遥控器频繁换台或干脆另做他事,以及使用关闭网络弹窗的浏览器插件等)。这无疑严重地影响了广告传播效果的达成,也让"硬广告"这种广告形态备受质疑,这几乎成为现代广告形态化核心路径无法破解的"魔咒"。(见视频1-7)

视频1-7

第四节 现代广告形态变迁的边缘路径:"软广告"——去形态化

尽管"硬广告"往往被视为现代广告的重要成果之一,但在效果导向的强烈驱使下,广告从来都没将自己局限于"硬广告",没有将自己锁定在可识别性的单一路径之上,而是不断地进行着自我调适,持续地向媒体内容渗透,衍生出一条"去形态化"的边缘路径。

一、"融合"是"软广告"的基本特征

与"硬广告"概念一样,"软广告"也是一个通俗而非学术性的概念。它与"硬广告"相对,泛指那些没有统一外在式样而融入媒体内容(包括新闻)之中,不具有可识别性或者可识别性较低的广告类型。

"软广告"的融合特点让其在一定程度上克服了"硬广告"强制打断所带来的问题。也就是说,"软广告"不会打断正常的阅读和收听(看)过程,受众媒体使用比较流畅。因此,受众基本解除了防备心理和抵制情绪,广告传播效果通常相对较好。

在笔者看来,这种"融合"在某种意义上就是广告的"回归",而且是一种更高层次的"回归"。如前所述,早期的现代广告与新闻等内容同时孕育,形态上并未分化,而呈现出"混杂"状态。而今,"软广告"再次与新闻等内容混杂在一起,只不过这种"混杂"不再是自然的状态,而是主观设计和运作的结果,是广告内容与新闻等内容的主动"融合"。

奇怪的是,"软广告"的融合特点也带来了新的伦理问题。"软广告"不具有可识别性或者可识别性较低的特点,也常常被理解为广告的"隐蔽性"。因此"软广告"也常常被称为"隐性广告"。这使受众担忧被"软广告"施加隐性的诱导和说服,在不知情的情况下做出消费决策而遭受权益损失。

当然,这种担忧并未升级为社会公众普遍的抵制或反对。其实,较为普遍的抵制和反对,主要来自与广告合作的新闻业。虽然新闻媒体积极地配合甚至直接参与了"软广告"的操作,总体上来说对非新闻的"软广告"表现出了较大的宽容度,但又对那些与新闻接近或相似的"软广告"抱以警惕的态度甚至进行公开的抵制。

二、软文（广告）及其对报刊新闻的渗透

软文正是报刊"软广告"的代名词①，是对报刊上刊登的除"硬广告"以外，具有广告功能的商业信息的统称。

在西方的文献里，软文往往被称为"advertorial"。②根据 *The Merriam-Webster Dictionary*，该词最早出现在1917年，意为"模仿报刊编辑内容格式的广告"（an advertisement that imitates editorial format）。③

软文可以说是一种历史悠久的广告类型，一直是现代广告的重要类型。著名的广告大师大卫·奥格威在1963年说过，"有人意识到'编辑式''去广告化'的广告比'广告化'的广告更吸引人注意、点击及阅读"④。显然，奥格威所说的"编辑式"的广告，就是指"模仿报刊编辑内容格式的广告"，即报刊软文；至于奥格威提出的"去广告化"，笔者认为，就是"去广告形态化"，即广告不具有可识别性或可识别性较低。

当然，软文其实是一个庞杂的概念，需要对其进行类型的梳理和探究。在笔者看来，报刊软文可以从操作模式上分为两大类。（见图1-5）

第一，广告版面购买模式，即采取"硬广告"的操作方式，通过购买报刊版面来发布的软文。以外在形态为标准，这种软文又可以细分为两小类：一是非新闻式样，即软文并未采取新闻的写作方式，外在形态上与新闻有较为明显的差异；二是新闻式样，即软文完全采用或接近新闻的写作方式，外在形态与新

---

① 刘建明将"软文"泛化为所有"硬新闻"之外的内容。对此，笔者并不赞同。虽然"软文"并不是一个科学的概念，但它一般是指"软文广告"，而将那些不具有广告功能的内容排除在外。

② 尽管很多人将该词翻译为"社论式广告"，但在笔者看来，这种翻译是不正确的。根据 *The Merriam-Webster Dictionary* 的定义，即"模仿报刊编辑内容格式的广告"，该类型广告模仿的对象，不仅仅是报刊社论，而是泛指报刊编辑的所有内容。笔者认为，该词所表达的意义与中文中的"软文"非常接近，因此建议直接用"软文"来翻译。

③ Advertorial[EB/OL]. https://www.merriam-webster.com/dictionary/advertorial, 2019-08-16.

④ David Ogilvy. Confessions of An Advertising Man[J]. Journal of Marketing Research, 2004,1(1):80.

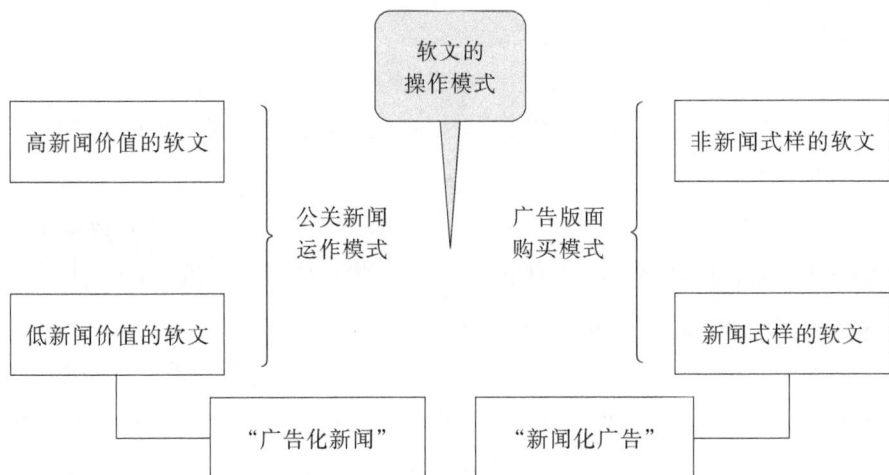

图1-5　报刊软文的类型分析

闻无异或非常接近。前者实际上就是"类硬广告",是报刊"软广告"中最常见的类型,被一些报刊公开贩卖,不大会引发争议;后者则是典型的"新闻化广告",是"有偿新闻"的一种形式,极易造成广告与新闻的混淆,因而往往遭到报刊的抵制,甚至被管理者公开称为违法广告。

第二,公关新闻运作模式,即通过公共关系的运作,以新闻的渠道发布企业或品牌信息,从而事实性地达成广告传播的目的。一直以来,新闻与公关之间存在着"既爱又恨"的关系(a love-hate relationship)[1]。新闻业需要企业提供最新的资讯,对于那些具有新闻价值的企业信息,新闻媒体理应及时报道,即使部分报道客观上具有广告推广的功能;与此同时,新闻又要保持谨慎,防止被企业公关所利用,而成为变相发布广告的工具。(见视频1-8)因此,根据信息内容的新闻价值,这种软文可以分为两小类:一是高新闻价值的软文;二是低新闻价值的软文。前者不仅具有新闻的外在形态,也符合新闻的价值标准,因而属于新闻的范畴;后者则是"广告化新闻",是另一种形式的"有偿

视频1-8

---

[1] Louis Alvin Day. Ethics in Media Communications: Cases and Controversies(Fourth Edition) [M]. London: Thomson Wadsworth,2006.

新闻"，它们虽然具有新闻的外在形态，但新闻价值较低甚至没有新闻价值，因而受到报刊的抵制。

从广告形态演变的角度来说，上述两大类四小类"软文"呈现出渐变性（频谱性）特征。其中，版面购买模式中的非新闻式样软文与"硬广告"非常接近，堪称"类硬广告"；而"新闻化广告"和"广告化新闻"的"去形态化"较为明显；至于公关新闻运作模式中的高新闻价值软文，则完全蜕去了广告的外在形态，转而成为典型的新闻，因而堪称广告"去形态化"的典范。

奇怪的是，新闻业公开抵制和反对的，并不是作为"去形态化"典范的公关新闻，而是"新闻化广告"和"广告化新闻"这两类"去形态化"并不完全的软文类型，认为它们与新闻伦理相抵牾，是新闻必须铲除的"毒瘤"。如此看来，新闻伦理对广告与新闻形态上区隔的"迷恋"，远胜于对广告与新闻本质的区分。

也正因如此，软文至今仍是广告公开向新闻渗透的重要形式之一：低层次上，它可以通过购买广告版面的模式，以非新闻形态出现于报刊之上；高层次上，它可以以其信息具有的高新闻价值，直接作为新闻在报刊上"登堂入室"。当然，这两种渗透都获得了新闻媒体的制度性许可，前者要求加上"广告"标注或标签，后者则已然成为新闻。

三、植入（式广告）及其对影视内容的置换

正如软文是报刊"软广告"的表现形式，植入则是"软广告"在电影电视中的发展。"植入"，英文为 placement，也可以译为"置入""置放"，即通过影视中的道具、台词等置放（广告内容），从而实现广告传播的效果。可见，植入也是一种"去形态化"的广告。正因如此，也有人将其称为植入式广告。（见视频1-9）在笔者看来，对植入式广告也可以用不同标准来进行分类讨论。

其一，从"去形态化"程度来说，植入式广告可以分为两类：一是"去形态化"较高的植入式广告，即植入式广告内容与台词或道具契合度较高，广告元素较好地融入故事情节、场景

视频1-9

之中,甚至成为推动故事发生和发展的关键要素;二是"去形态化"较低的植入式广告,即植入式广告内容与台词或道具契合度较低,广告元素外在于故事情节、场景之外,甚至破坏了故事的发展。毫无疑问,前一类几乎不具有广告的外在形态,而悄悄地隐藏于情节之中,却被认为是好的、有效的植入式广告;后一类广告更容易被辨识出来,反而常常被看作失败的植入式广告。

其二,从操作的角度来看,植入式广告也可以分为两小类:一是非人为植入,即为了营造或还原生活场景,需要借助一些道具或台词等,其中不可避免地涉及特定的品牌或企业,客观上可能起到了广告推广的效果(见视频1-10);二是人为植入,即影视剧制作方与广告商达成合作协议,以公开

视频1-10

收费或赞助等对价方式,将品牌或企业信息"置放"于影视剧中,从而实现广告传播的目的。前一类虽然不是广告策划的成果,但它事实上产生了广告推广的效应;同时,这种非人为植入一般与故事情节契合度高,其广告效应可能会更好;至于后者,则明显是广告策划的成果,是影视制作方和广告商之间合作的产物。

对于影视产业而言,植入式广告具有双重意义:一方面,制作方将植入式广告作为拓展财源的重要渠道。通过商业植入,制作方可以获得除发行或票房之前的营业收入,甚至可以在播映之前实现盈利。另一方面,广告商也格外珍视这种"去形态化"的广告曝光机会,在潜移默化之中将企业或品牌信息传递给受众,从而深远地影响或说服受众。

与报刊"软文"还徘徊在"形态化"(如类硬广告)和"去形态化"(如公关新闻)之间不同,植入式广告已经明确地将"去形态化"作为追求的目标。如何巧妙、不留痕迹地融入影视内容之中,成为植入式广告必须解决的核心问题。也就是说,人们并不担心"植入"对影视内容的"置换",也不担心植入式广告的"隐蔽性";恰恰相反,大家公认的是,植入式广告不能"生硬",而应"随风潜入夜,润物细无声"。

如此看来,植入式广告的合法性,相较于"硬广告",已经有了明显的不同。

为了不打断影视内容的正常播放过程，从而保障观看体验的流畅性，植入式广告被允许隐藏在影视内容之中，而不必具有外在形态上的可识别性。因此，围绕着广告的"去形态化"，植入式广告形成了与"硬广告"完全不同的伦理关系，并成为制片方、广告商、观众三者共同认可的基本准则。当然，有关商业植入的告知和披露还是必要的。一般来说，影片片尾对植入式广告的说明，是广受行业认可的惯例。

当然，商业植入没有理由不向电视新闻渗透，尽管新闻媒体将禁止有偿新闻作为一条公开的"铁律"，但电视新闻相较于报刊新闻，遭遇植入的可能性更大。众所周知，报刊新闻经过编辑及审稿程序，可以较为彻底地回避或删除一些不请自来或记者私自夹带的商业信息或元素，如主动隐去企业或品牌名称等；但电视新闻则不太一样，它往往需要客观地记录真实事件场景或生活场景，而无法完全避免出现一些商业信息，如产品包装、品牌标志、广告口号、企业名称等。

更为重要的是，电视新闻中即使出现了一些商业信息，但就观众而言，并不能很好地区分是非人为植入还是人为植入，并一般倾向于认为是非人为植入。如2005年全球最大的客机——空中客车A380飞机首飞中国，这不仅受到了新华社的关注，对其以消息形式进行了公开报道，而且中国中央电视台和法国国内电视台还进行了现场直播。经由各新闻媒体的转发，空中客车A380更是家喻户晓。

当然，空中客车A380首飞中国的新闻报道，未必完全是非人为植入，但从结果或者说效果来看，其不仅是高价值的新闻，而且是高价值的广告，是最特殊、最理想的"去形态化"广告。

四、互联网原生广告对"软广告"的发展

随着互联网的快速发展，广告作为盈利工具被互联网吸收，并衍生出类型极其丰富的互联网广告。

一方面，互联网广告延续了"硬广告"模式，通过时空（时段或版面）的切割，以广告可识别性为突出特征，打断受众的网络使用过程，强制性地将广告

呈现在受众眼前。各种硬广告,诸如广告位展示、插播、弹窗等广告类型,都直接被移植给了互联网。另一方面,互联网广告也沿袭了"软广告"模式,以"去形态化"为基本特征,将广告信息与内容相融合,在不打断用户网络使用过程的同时,实现广告传播效果。各种软广告,诸如报刊软文、影视植入式广告等,都被互联网所吸收。

随着互联网的进一步发展,"硬广告"模式的缺陷日益显现。互联网广告资源逐步减少,越来越拥挤的网页,其广告被点击的概率甚至低于飞机失事。"品牌商、广告制造商、媒介经营者们都困惑于如何在有限的空间内利用现有的广告形式增加广告以实现价值增加。广告行业需要一个突破口,一个吸引投资者、广告主注意的新形式。"[①]与此同时,网络用户越来越厌恶被广告打断,且无法接受单向度垄断式推送的"硬广告",因此推动了广告拦截和过滤技术的发展。有数据显示,使用谷歌浏览器拦截的用户数2015年第二季度突破1.26亿,同时使用全球广告拦截插件的用户数将近2亿。[②]互联网迫切需要一种新的理念,来引领和推动互联网广告的创新发展。

在这样的背景下,"原生广告"概念应运而生。2011年硅谷风险投资家弗莱德·威尔逊(Fred Wilson)提出,网站存在着"原生变现系统"(Native Monetization System),认为该系统中将出现一种全新的广告形式。视频广告创业公司Sharethrough的首席执行官丹·格林伯格(Dan Greenberg)将原生广告定义为"一种让广告作为内容的一部分植入实际页面设计中的广告形式"[③]。凤凰网首席运营官李亚则认为,"原生广告是通过融入受众所在的媒体环境,以精准方式推送,在保障用户体验的同时,提供对用户有价值的信息"[④]。

尽管对原生广告至今没有形成统一的定义,但对于其突出的特点则达成了较为广泛的共识:其一,在广告形态上,原生广告"对广告形式与内容进行隐

---

① Chad Pollott. Everything You Need to Know About Sponsored Content[EB/OL]. https://moz.com/blog/everything-you-need-to-know-about-sponsored-content,2015-01-20.
② cbBeta. Chrome将封杀弹窗广告:未弹出已拦截[EB/OL]. http://www.cnbeta.com/articles/245691.htm,2013-07-23.
③ 康瑾. 原生广告的概念、属性与问题[J]. 媒介经营与管理,2015(3):112-118.
④ 付继仁. 原生广告,媒体营销模式的创新[J]. 广告大观,2013(8).

形化处理,通过相互嵌入等形式,模糊广告与新闻、广告信息与非广告信息之间的边界","从而大大降低了消费者对广告的识别度"。[①]其二,在核心技术上,原生广告"在大数据的基础上通过对消费者的点击和阅读浏览等网络轨迹进行算法分析,实现广告与内容的精准匹配"[②]。其三,在用户体验上,"原生广告与媒体的设计风格和使用方式保持一致,融入用户的视听和操作习惯,不破坏原有界面,不打断注意力,符合用户的使用预期"[③]。

与其说原生广告是一种类型,还不如说它是一种广告理念。"原生广告并不是某一特定的广告形式,它包含能够将品牌内容融入用户体验的各种广告类型,是一种能够指导广告实践的理念。""所谓原生广告理念,就是通过融入用户体验,使品牌化内容成为对消费者有价值的信息。"[④]"这种理念依托媒介技术的变迁,不断衍生出不同的广告类型,其中包括印刷媒体时代的软文广告、影视时代的植入广告以及互联网时代的内容营销,当然也包括现代我们探讨的原生广告。"[⑤]

尽管原生广告还因存在一些问题而备受争议,但"在广告形式匮乏、消费者规避广告、出现广告拦截技术的现实环境下,广告内容与广告形式的创新和升级成为必需。硬广告软化,以用户为中心,内容营销逐渐成为一种趋势,此时原生广告通过减少侵入性、增强用户体验、增加用户点击的方式,达成广告内容与媒介内容之间的价值平衡"[⑥]。因此,"以原生理念为代表的'顺其自然'的广告沟通方式将会成为新媒体环境下的主流。原生广告是解决广告传播与

---

① 李明文,柏茹慧. 原生广告伦理问题及其解决路径——基于消费者感知的实证分析[J]. 中南民族大学学报(人文社会科学版),2019(1):175-180.

② 杨秀. 原生广告的隐匿性及规制研究[J]. 新闻战线,2017(6):56-58.

③ 张庆园,姜博. 原生广告内涵与特征探析[J]. 华南理工大学学报(社会科学版),2015(4):65-71.

④ 康瑾. 原生广告的概念、属性与问题[J]. 现代传播(中国传媒大学学报),2015,37(3):112-118.

⑤ 韩红星,覃玲. 美国经验:原生广告的原罪与规制[J]. 华南理工大学学报(社会科学版),2018(1):90-102.

⑥ 韩红星,覃玲. 美国经验:原生广告的原罪与规制[J]. 华南理工大学学报(社会科学版),2018(1):90-102.

受众抵触的矛盾思路方向,是构建品牌—媒体—用户三方共赢模式的捷径,未来必将产生巨大价值"①。

小　结　广告形态的变迁与广告伦理的重建

当谈及广告形态时,我们经常被技术思维所牵扯,在一定程度上暗含"技术决定论",从而以媒介类型为标准,对广告进行分类。但通过上述论证,我们不难发现,无论技术如何演进,广告形态始终遵循着"形态化"和"去形态化"两条路径。在传统大众媒体时代,"形态化"是广告形态变迁的核心路径;"去形态化"虽然从未消失,但始终充当"配角"。伴随着互联网发展进入下半场,"去形态化"来势汹汹,逐渐成为互联网广告发展的核心路径。有数据显示,2014年原生广告才进入中国市场,但到2017年中国原生广告的总规模已达2272.5亿元,占网络广告的45.8%。②

在广告形态变迁的过程中,媒介技术固然影响深远,但其影响始终是通过人的选择来实现的。现代广告与新闻的分离,显然不是技术决定的,而是在报刊近代化转型过程中,广告业和新闻业共同选择的结果。广播电视虽然一度改变了传播景象,但其新闻业主导的底层逻辑,使得其广告延续了"形态化"的核心路径。本质上,"广告可识别性"是在以新闻为主导的传统大众媒体时代形成的新闻职业主义意识形态话语。进入互联网尤其是移动互联网时代,新闻业不再像过去一样主导媒介,广告与内容呈现出"融合"之势,其本质是广告业与互联网产业达成的"默契"。商业伦理取代新闻伦理主导互联网广告,"去形态化"随之而翻转成为广告形态的核心路径。

---

① 张庆园,姜博.原生广告内涵与特征探析[J].华南理工大学学报(社会科学版),2015(4):65-71.

② 艾瑞咨询.中国原生广告市场研究报告(2017)[EB/OL].http://report.iresearch.cn/report_pdf.aspx?id=3095,2017-12-04.转引自李明文,柏茹慧.原生广告伦理问题及其解决路径——基于消费者感知的实证分析[J].中南民族大学学报(人文社会科学版),2019(1):175-180.

广告形态变迁的两条路径,暗含着广告商—媒体—用户三方不同的关系模式。"硬广告"通过时段或版面的切割所形成的"广告可识别性",在公开告知广告商业本质的同时,获得了打断用户媒介使用过程、强制呈现广告信息的合法性;而"软广告"则强调对用户媒介使用流畅性的尊重,以"去形态化"的方式,将广告与内容融合在一起,从而达成广告传播的目的。其实,无论是哪条路径,广告商—媒体—用户三方之间都只是一种结构性的平衡。以用户的视角为例,"硬广告"虽然尊重其知情权,但破坏了媒介使用的体验感;"软广告"很好地满足了媒介使用的流畅性,但可能牺牲用户的知情权。可见,从本质上说,"硬广告"未必就一定优于"软广告",两者只不过是一种不同的权益平衡。

当然,"软广告"尤其是原生广告,依然因其"去形态化"而备受质疑。如,有人认为,"将广告夹杂在信息流中的做法,从某种程度而言,存在对受众的欺骗"①。又如,"原生广告与新闻边界模糊对新闻生产的理念产生影响。新闻从业者将失去客观的立场和价值判断,丧失新闻'把关人'的意识,导致广大受众对新闻媒体的信任危机"②。再如,有人认为,"新媒体广告的原生性,已经去广告识别","广告监管必然陷入对象海量、无从辨别、无从下手之困"。③

对上述质疑,笔者做出简短的回应:其一,包括报刊软文、影视植入式广告等在内的"软广告",一直是广告形态变迁的重要路径。标注、披露等措施在一定程度上弥补了"软广告"存在的"隐性"问题,因此"软广告"并不必然构成对受众的欺骗。其二,媒介并不是生而就是新闻媒介,只不过传统大众媒介被新闻业所主导,但互联网打破了这种格局,商业伦理取而代之,主导了互联网广告,新闻业必须认真思考,如何重建互联网时代的新闻媒体公信力,而不是以过去的框架来理解互联网广告。其三,管理本来就必须回应新生事物。"原生之困"提出的挑战,恰恰是在倒逼广告管理的创新。例如,"公信力评估导向的新媒体广告监管模式"④,就是一个可资借鉴的方案。

① 黄海珠,史新燕. 大数据时代原生广告的伦理冲突[J]. 青年记者,2017(32):17-18.
② 常明芝. 原生广告存在的伦理问题及解决方案[J]. 青年记者,2018(8):18-19.
③ 舒咏平,陶薇. 新媒体广告的"原生之困"与管理创新[J]. 现代传播,2016(3):109-112.
④ 舒咏平,陶薇. 新媒体广告的"原生之困"与管理创新[J]. 现代传播,2016(3):109-112.

　　总之,广告形态并不是一个孤立的现象,而是勾连着复杂的技术因素和伦理关系。"形态化"与"去形态化"暗含着有关广告商—媒体—用户的不同结构关系,在传统大众媒体时代所形成的"广告可识别性",未必适应互联网时代;互联网尤其是移动互联网的发展,正在推动以"去形态化"为核心的广告伦理体系的重建。

第二章　什么是广告

——广告的常见定义及符号学理解

　　什么是广告？这是广告学研究必须追问的基本问题。广告已经成为现代生活的重要内容，每个人都会有自己对广告的理解。正如广告学者樊志育先生所说："广告一语，尽人皆知，如果明确地下个定义，则因人而异。"[①]（见视频2-1）因此，在这一章，笔者力图从不同角度，澄清广告这个最基本的概念，并深入探究广告的本质。

视频2-1

　　当然，在讨论广告本质之前，笔者认为有必要建立一个认识框架：其一，广告具有流变性。所谓流变性，指由于特定因素的影响，事物呈现出本身规定性的变化的特征。广告现象经历了从静态到动态的变化，并始终处于内涵的丰富和外延的拓展之中。其二，广告具有渐变性。广告现象本身并非处于一个绝对的极点状态，而是呈现出渐变的"频谱"（spectrum）特征。在强调广告与宣传、促销、公关等现象的差异的同时，也应该认识到，同样作为营销传播工具，

---

① 樊志育. 广告学原理[M]. 上海：上海人民出版社，1994：1.

广告与宣传(publicity①)、促销、公关等现象之间存在着微妙的渐变关系,而不能画地为牢、彼此割裂地研究和使用它们。其三,广告具有开放性。广告现象开放性地接受着诸多因素的影响,包括媒介技术的发展、消费者态度的改变以及社会环境的变化等,因此不能刻舟求剑,将自己对广告的理解限定于当时的状态。这三种对广告特性的认识,也是笔者深入考察和理解广告本质的前提。

第一节　广告的词源学考察

自语言形成以来,人类即生存于现实与符号的双重世界之中。语言是思维的工具,以语言为主体构成的符号世界,是人类认识现实世界的中介。

要澄清"广告"这个概念,应该回到这个概念本身,尤其是对这个概念进行词源学的考察,也许可以在一定程度上解释我们对广告本质的认识,并理解这种认识的变迁。

符号(词语)与事物(对象)之间,如同"箭"与"靶"的关系。为了表达某个事物(对象),我们必须使用符号(词语)。因此,符号(词语)是人们力图击中事物(对象)这个"靶子"的"箭矢"。

麻烦的是,对于客观世界而言,运动是永恒的,静止是相对的。也就是说,作为"靶子"的事物(对象)始终处于不断运动变化之中。

也正因如此,符号(词语或者其含义)不断地随之变化和调整,并反过来折射了事物(对象)的变化,以及人类对于事物(对象)认识的变迁。

一、英文词根:"大喊大叫"及"引人注意"

在漫长的广告发展史中,人们曾经使用过许多不同的词语来称呼早已有之的广告现象。这些不断变化的词语形成的图谱,具有典型的知识考古学价

---

① 笔者沿用浙江大学胡晓云教授对 publicity 的理解,并将其译为"宣传",指"不通过购买广告版面(或时段)而让大众传媒介绍本公司的商品或服务的方法"。显然,这里所说的"宣传",与政治学意义上的"宣传"不同。

值,它们在一定程度上折射了现实世界中广告现象的变化,以及人类对广告现象认识的变迁。

众所周知,现代意义上的广告一词来自英语 advertising 一词。据考证,advertising 源于拉丁文 adverture,本意是"大喊大叫",引申为"诱导""注意"等。后来在英文中演变为 advertise,意为"引起某人注意某事"。

事实上,advertise 的广泛使用是其转化为名词 advertisement 之后,这个词用来称呼 17 世纪开始在报纸上出现的告知货物船只、经济行情等信息的广告内容。显然,它是一个静态的概念,用来描述作为报纸附属内容的广告。

当资本主义工商业日趋发达,需要进行相当规模的、连续的广告活动,以促进消费者的购买行为时,具有动态意义的概念 advertising 才开始被广泛使用。至此,作为词根的 advertise 也被赋予了"做(登)广告"的动态含义。如今,advertising 一词的含义越来越丰富,除了最常用的"广告"之义以外,还有"广告业""广告学"等含义。

从英语 advertising 一词的分析中,我们可以得到以下基本结论:其一,advertising 的基本含义是"大叫大喊""引起注意";其二,advertising 一词的含义经历了从静态到动态的变化,折射了不断变化的广告现象。

二、日语汉字:"广告"一词的出现与固化

汉语中的"广告"一词与英文的广告,有着非常接近的基本含义。只不过,汉语中"广告"这个概念出现得较晚。粗略地说,至少在 20 世纪之前,汉语中并没有"广告"一词。

理论上说,现代意义的"广告"概念,肯定是出现在近代报纸在中国出现之后。也就是说,近代意义上的广告现象和广告活动出现后,用来指代广告现象和广告活动的词语才开始出现。作为最早的近代中文报刊,《察世俗每月统记传》于 1815 年在马六甲创刊。它特辟一个栏目,谓之"告帖",实则为今天所说的广告。1872 年创刊的《申报》,在其《申报馆条例》中,将广告称为"告白",并详细规定了各类广告的价格以及广告代理政策。

汉语"广告"一词直到 20 世纪初才登上历史舞台。据学者考证,"广告"一

词最早见于1906年(清光绪三十二年),当时出版的《政治官报》中说:"官方银行、钱局、工艺陈列各所,铁路矿务各公司及经农工商部注册各实业,均准送报代登广告,酌照东西各国宦报广告办理。"①这份文献中的"广告"一词,已经具有了现代含义,指称的对象显然就是我们今天所说的广告。

之后,"广告"一词被汉语较为广泛地接受和使用。《辛亥革命·武昌清房档案》中有如下记载:"此时,军电旁午,司电自有搁压,而以应有电局将此情由,声明广告。"②显然,这里的"广告"一词,与我们今天所说的"广告"存在着巨大的差异。可见,"广告"一词在出现之初,其含义并未固化,而是与其他词汇一起混用,经历一段时间的选择之后,才被确定成为今天的含义及用法。

从已有的研究来看,"广告"含义的固化过程受到了日语汉字的深刻影响。根据相关学者的考证,汉语"广告"一词并不是中国人的发明,而是源于日语对英语 advertising 的翻译。大约在1872年(明治五年),日本首次将英语 advertising 译成"广告",与它同时使用的还有"报条""告条""引札""报告""告白""弘告""公告"等多种其他的译法。当然,直到1887年(明治二十年),"广告"一词才被公认,得以统一使用。③

近年来,语言学学者的相关研究间接地证实了上述结论。他们发现,明治维新之后,日本开始独自直接从西洋导入近代文明。大量涌入的新技术、新事物、新思想,催生了新概念、新词汇的需要。最初,日本知识分子从他们熟读的汉籍中找出适当的汉语来表达;后来更多地开始依靠自己的创造,因此日本土生土长的新词逐渐增多,而经由中国汉语进入日语的译词逐渐减少。④西方文明在日本的成功引进给当时的中国打开了一扇大门,尤其是在甲午战争之后,日本成为中国主张强国富民之人学习和效仿的对象。

在这样的历史背景下,日本书籍被大量译介到中国,日语词汇也被大量引

① 晁钢令,周立公. 现代广告策略与艺术[M]. 北京:经济科学出版社,1994:1.
② 丁俊杰. 广告学[M]. 武汉:武汉大学出版社,2001:2.
③ 刘毅志,黄深勋. 广告学[M]. 台北:台湾空中大学印行,1992:14. 转引自丁俊杰. 广告学[M]. 武汉:武汉大学出版社,2001:2.
④ 加藤美雪. 现代汉语中的日语词汇研究——日语词汇在中国流传情况的调查报告[D]. 苏州:苏州大学,2011:4.

进入汉语体系之中。①有语言学学者统计,现代汉语中有844个词来自日语汉字,远超过来自欧美语言的外来词。而且,这些进入现代汉语的日语词汇,从质量上来说,更是远胜于其他外来词。②(见视频2-2)

视频 2-2

"广告"一词,也是在这个条件下,从日语中引进,并逐渐固化,指称现代意义的"广告"现象。当然,"广告"一词并不完全是日语的创造,它不是土生土长的日语词,而是对汉语中已有词汇的借用,或者说,至少保留了这两个汉字的本意,只是进行了拼合和延伸而已。

三、汉语词源:"广"而"告"之

既然现代意义上的"广告"一词,在从日语汉字中引进的过程中就保留了其汉字的本意,那么我们有必要进一步对"广告"的汉语词源进行考察。也就是说,即使是要理解日语中最早出现的"广告"一词,也应该回到"广"与"告"这两个汉字的本意。

东汉许慎《说文解字》释"广"(繁体作"廣")说:"廣,殿之大屋也,从广,黄声。"可见,"广",是从"大屋"之意引申出来的。"广"的词义,可以理解为"扩大、广泛地"。如《荀子》中就有"论礼乐、正身行、广教化,……辟公之事也"。这里的"广",显然是来修饰"教化",表达"广泛地"之义。

关于"告"字,《说文解字》释为:"牛触人,角箸横木,所以告人也,从口从牛……"从字形上可见,"告"字的字形为上牛下口。据说,因为牛的头上有角,如果性情暴烈,可能会用尖角撞人行凶。所以,古人用三尺木棍,横着捆在牛的双角之上,使其有碍,无法随意冲撞伤人。同时,这也可以告诉大家,牛角危险。这就是《易经》所说的"僮牛之告"。"僮牛"就是指性情暴烈的牛,"僮"是"撞"的通假字,"告"是"牿"的通假字。

当然,也有人持不同的观念,认为"告"字的本义就是"祭告",其发生的文

---

① 顾江萍. 晚清民初日语词汇进入汉语及其启示[J]. 深圳大学学报(人文社会科学版),2009(4):91-97.
② 陈燕南. 日语词汇对现代汉语的影响[J].杭州师范学院学报,1990(5):116.

化背景是祭祀仪式。"告"一词的本义在形体表现时,则反映了"告"一字所在的祭祀仪式的特点,即以牛为祭牲,与天地沟通,公开表达,并"晓示"天下。无论如何,"告"的基本含义很早就确定下来,表达"晓示""告知"之义。如,《管子》有云:"舆不可、疆不能、告不知,谓之劳而无功。"[①]这里的"告",就是"晓示、告知"之义。

可见,日语中的"广告"一词,保留了汉语中"广"与"告"的基本含义,并对其进行拼合,特指近代报刊出现之后发展出来的现代广告现象。"广"和"告"合起来的"广告",从词源的意义上分析,即"广而告之",意为"将某事广泛地晓示于他人"。因此,现代汉语中的"广告"一词,至今仍然存留"广而告之"的基本含义,是有其词源学的根源的。

基于对汉语"广告"一词的考察,我们可以得出以下基本结论:其一,从"广告"概念诞生以来,人们对"广告"的理解,就包含着一层"广而告之"的意思。所谓"广而告之",就是说,广告一般有较广泛的受众对象;同时,广告是一种信息传播活动。其二,这种理解反映了当时人们对广告现象和广告活动的认识,在一定程度上抓住了广告的特性。这既是当时的人们在理解广告上所取得的突出成果,也是我们今天理解"广告"概念的起点。其三,"广而告之"作为"广告"的基本含义,也表现出对广告现象认识的局限性。特别是在新媒体发展的今天,人们的生活方式不断碎片化,媒介接触也呈现出差异化,因此小众化的传播方式日益受到重视,"广而告之"的基本含义也受到了一定程度的挑战。(见视频2-3)

视频 2-3

总的来说,西方的广告概念天然携带着"大叫大喊""引人注意"之义,暗含着对创意表达的重视和追求;而汉语"广告"一词始于"广而告之"之义,强调"告知",相对缺少创意表达的冲动。这种"广而告之"的观念,至今都影响着我们对广告的理解。

---

① 潘向光. 现代广告学[M]. 杭州:杭州大学出版社,1996:2.

第二节 广告概念的常见定义

作为广告学理论的基石,回答"什么是广告"这一问题,是广告学学者开展理论研究的起点,也是所有广告从业者从事专业服务的起点。人们给广告下的定义可谓多种多样,日本著名广告学学者清水公一先生曾经从六个方面详尽地归纳了具有代表性的广告定义。

诚然,我们没有必要也不可能细数所有的广告定义,但是,"各种广告定义均是特定历史时期的产物,至少可以为我们提供关于广告的历时性认识和认识的历时性。简而言之,不同的广告定义往往都有其独特的视点,都能为我们提供某种独特的思考"[①]。

在此,我们对众多的广告定义进行简单的梳理,抽出诸多广告定义对广告本质属性的概括,历时性厘清广告定义的演进历程,从而更好地把握广告的本质特征。

一、广告是关于商品或服务的新闻

在上一章讨论广告形态时,我们就谈到广告与新闻的亲缘性。至少在1890年以前,西方社会对广告公认的一般定义是"广告是有关商品或服务的新闻"[②]。也就是说,广告是一种信息告知手段,最初与新闻报道没有什么不同。广告被当作一种新闻,关于商品或服务的新闻。

如前章所述,近代报纸的诞生源于商贸船期等资讯需求的推动。当时,广告本身就是报纸的重要内容。另外,在现代广告业诞生以前,广告专业化运作尚未形成。无论是传播形态,还是传播方式,广告与新闻之间的界限都非常模糊。

---

① 张金海,姚曦. 广告学教程[M]. 上海:上海人民出版社,2003:6.
② 刘毅志,黄深勋. 广告学[M]. 台北:台海空中大学印行,1992:15. 转引自丁俊杰. 广告学[M]. 武汉:武汉大学出版社,2001:3.

事实上,正是这段特殊的历史,决定了广告与新闻之间的"血缘"关系。直到今天,我们在一些媒体上,仍然很难严格地将广告与新闻区别开来。尽管以新闻形式出现的广告有违新闻专业理念和新闻法律或伦理,但我们无法否认这种现象的现实存在。而且,这种现实存在的现象至少也说明了广告与新闻之间的关联性。从这个意义上说,"广告是新闻"的定义在一定程度上反映了广告所具有的特点。

二、广告是印刷形态的推销术

"广告就是推销(销售)",是第二种对广告的经典定义。被称为美国现代广告之父的阿尔伯特·拉斯克(Albert Lasher)于1894年提出,广告是"印刷形态的推销术"(salesmanship in print)。这个定义虽然出现在电子媒介问世之前,但比较准确地揭示了广告的特征,"推销"(销售)是广告的本质。[①](见视频2-4)

视频2-4

众所周知,工业革命前所未有地改变了人类的生产方式,产品从"供不应求"变成了"供过于求"。生产让位于销售,成为企业经营成败的关键。作为最为重要的销售手段之一,推销迅速发展出专门的技能,并成为专门的职业。

现代意义上的广告正是在推销的启蒙下诞生的。19世纪末20世纪初,现代广告开始步入专业化发展阶段。最早的广告从业者肩负起销售使命,并将"广告就是销售"的理念薪火相传,使销售成为广告业存在与发展的基石。

这反映人们对广告的理解加深了。作为报纸附属物的广告,只是广告作品,只是广告专业运作的成果之一;广告不仅是信息的告知或报道,广告还是具有明确营销目的的传播活动;广告不再是非专业操作的产物,而是一个逐渐形成并积累了方法、技巧的专业或职业。

---

① 丁俊杰. 广告学[M]. 武汉:武汉大学出版社,2001:3.

三、广告是非人员的信息传播

随着20世纪40年代传播学在西方的兴起,广告成为传播学的重要研究对象。(见视频2-5)

20世纪70年代,西方广告世界开始建立对广告的传播学认识,形成了广泛认可的定义:"广告是由可识别的出资人通过各种媒介进行的有关产品(商品、服务或观点)的、有偿的、有组织的、综合的、劝服性的非人员的信息传播活动。"[①]这正是对广告所做的传播学解读。

表面看来,"广告是传播"与"广告是新闻"这两个定义非常接近,因为从传播学角度来说,新闻与广告都是信息传播活动。但是,在"广告是传播"的定义中,广告不再只是报纸(媒介)的附属物(即广告作品),而是被作为过程来理解的。

从古代走到近代,广告一直以一种非常单一的形态存在着,即主要以广告作品的形式,通过媒体的发布,活跃于商业领域之中。直到20世纪中叶,人们在对广告的认识中仍然主要把广告视为单一的广告作品,甚至连媒体发布这一活动都被忽视掉了。[②]随着广告专业化程度的提高,人们开始意识到广告作品只是广告传播过程中传者与受者之间的"接触点",而广告却是信息从传者"流向"受者的整体过程。

严格地说,广告不仅仅是受者通过广告作品接触广告信息的过程,还应该包括传者在此之前进行的广告调查、广告策划、广告制作、广告媒体发布等过程,以及受者选择、接收、处理广告信息等过程。

四、广告是营销传播

20世纪90年代,美国著名的广告学者唐·舒尔茨教授提出"整合营销传

---

① 阿尔伯特·拉斯克尔. 拉斯克尔的广告历程[M]. 焦向军,韩骏,译. 北京:新华出版社,1998:20.
② 张金海,姚曦. 广告学教程[M]. 上海:上海人民出版社,2003:3-4.

播"理论,此后,"营销传播"(marketing communication)概念逐渐被广泛接受,学者开始尝试以此重新界定广告的定义。

潘向光教授提出"广告是营销传播","广告既是市场营销的手段,又是信息传播活动。换言之,广告是以信息传播的方式来达到市场营销目的的活动"。"营销是广告的目的,而传播则是广告的手段。广告是营销与传播的综合体,两者互为依赖、不可或缺。"①

不过,潘向光教授在为广告下定义时,却并未充分体现"营销传播"的观点,而是更多地强调"广告的本质是说服",即"广告是可识别的组织或个人,有偿使用媒介,向选定的对象传递有关产品、形象或观念等信息,并说服其行动的传播活动"。广告的目的是什么、广告借用什么方法达到目的,与广告是什么,完全是不同层面的问题。因此,以上定义仍未超越"广告是传播"的基本框架。

武汉大学张金海教授则明确地阐述了"广告是营销传播"的观点:"广告是营销的表述,忽略了广告营销手段和方式的特异性;广告是传播的表述,又忽略了广告终极目标的指向性,均有所缺憾。""广告既是营销,又是传播,既不是单纯的营销,又不是单纯的传播,广告为营销服务,是一种重要的营销工具和手段,其终极目标指向就在于有效实现商品的销售。但是,广告是通过商品信息的有效传播来服务于营销,来实现商品的有效销售的。因此,完整的表述应该是,广告是一种营销传播。"②

深入地说,建立广告是一种营销传播的认识,不仅有利于广告实务操作强化广告作为营销工具而存在的根本价值,而且有利于广告学理论充分地吸收传播学理论体系,从而有效地协调广告业界和广告学界对广告本质认定的分歧与矛盾,形成广告实践与广告理论的良性互动。

有趣的是,麦肯光明与北京交通大学联合创办了我国第一个"营销传播专

---

① 潘向光. 现代广告学[M]. 杭州:杭州大学出版社,1996:6-8.
② 张金海,姚曦. 广告学教程[M]. 上海:上海人民出版社,2003:5-6.

业"①,合作双方显然正是基于"广告是营销传播"的共识。近年来,浙江大学也率先筹建"策略传播系"②,这在某种程度上也是这种广告观的体现吧!

第三节　广告概念的符号学理解

纷繁复杂的广告定义,不仅没有终止大家对广告概念的讨论,反而引发了更多样的广告定义。其中,四川大学饶广祥教授用符号学理论对广告所做的定义特别值得推荐。以下部分内容和观点,参考了他的《广告符号学》以及《广告符号学教程》,当然也对其观点进行了部分修正,并做了一定程度的延伸性讨论。

一、广告"活动论":从静态广告到动态广告

饶广祥教授发现,中文"广告"对应的英文词是 advertising 和 advertisement。在他看来,前者是"广告活动",后者是指"广告文本"。也就是说,advertising 是从传播活动的角度来定义广告的,将广告视为有偿的商品或服务信息传播活动。因此,基于 advertising 的定义,倾向于"广告活动"和"操作过程",不太重视"广告文本"。而 advertisement 是"广告文本",是广告实践的对象,也是广告操作的产物。

实际上,在本章的第一节中,已经讨论了英文中的广告概念,发现advertising 一词的含义就经历了从"静态"(advertisement)到"动态"(advertising)的变化。虽然饶广祥认为,advertising 并不涵盖 advertisement,但笔者倾向于认为 advertising 与 advertisement 是包含与被包含的关系。

从历时性的角度来说,advertisement 是早已有之的现象,而 advertising 是现代广告的"专有名词",是现代广告出现之后才有的术语。也就是说,

① 光明日报:北京交通大学与麦肯光明签署"营销传播"专业方向合作意向书[EB/OL].
http://news.bjtu.edu.cn/info/1003/11148.htm,2006-09-21.
② 叶娜妮,汪涵.策略传播如何发展? 知识点呐朋友们![EB/OL]. http://www.sohu.com/a/
136656948_317170,2017-04-26.

advertising 并未舍弃 advertisement 的含义,而只是强调 advertisement 的现代"生产"方式。

当然,最为重要的是,饶广祥将所有从传播学角度,把广告定义为信息传播活动的,都称为广告定义的"活动论"。在他看来,"当前为多数人接受的广告定义是从'传播方式'出发来确立的,它主要明确了广告作为传播活动的特征,却没有界定广告文本自身。这将研究局限于'过程研究',极大地限制了广告学的发展"①。

饶广祥指出,广告定义的"活动论""没能抓住广告的本质",因此主张"只有""回归到文本","从文本形式的角度出发,才能清晰地界定广告"。

二、广告"文本观":广告是具有尾题的特殊文本

正如前面谈到的,advertisement 区别于 advertising,可以理解为"广告作品"。用符号学的话来说,advertisement 就是"广告文本"。

饶广祥认为,"广告与其他传播方式的根本区别在于文本。从广告文本形式特征角度讨论广告,有助于我们把握广告的本质。为了与'活动论'相区别",我们"将此路径(也就是文本角度,笔者注)称为广告的'文本观'"②。

那么,广告文本具有什么样的形式特征呢?饶广祥认为,广告是具有尾题的特殊文本。所谓"尾题",英文表述为 end title,特指"出现在文本(影视广告、广播广告等)最后或者某一个相对固定角落(平面广告)的包含商品(服务)标志、商品(服务或者机构)图像的符号"。对于尾题的特点和功能,饶广祥进行了较为深入的讨论,其核心观点主要有三个③。

其一,尾题是相对独立的一个符号或者符号组合。它是一个相对完整的整体,并作为识别商品的主要符号,如格力空调的尾题符号是"红色相间的饼状图"和"GREE"的组合。所谓"相对独立",是指尾题与其他内容连接不紧密,处于特定的物理位置。这个特征提高了尾题的显著程度,为尾题的功能实现

① 饶广祥. 广告符号学[M]. 成都:四川大学出版社,2014:1.
② 饶广祥. 广告符号学[M]. 成都:四川大学出版社,2014:6.
③ 饶广祥. 广告符号学[M]. 成都:四川大学出版社,2014:7-9.

提供了保障。

其二,尾题的功能,是指明广告所传播的商品(服务或机构)信息,引导接收者正确解读。为了完成这一任务,它必须包含能够让接收者轻易识别出商品的符号。这些符号包括商品图像、商品名称、商品标志、品牌广告语等,或者是它们的组合。一般而言,为了强化印象,提高识别,同一品牌(商品或服务)的尾题是相对统一的。

其三,尾题经常出现在文本相对固定的位置。影视广告、广播广告中,尾题一般出现在文本的最后一刻;平面广告中,尾题一般出现在广告的四角,当然右下角最为常见。饶广祥教授认为,"出场位置是接收者判断尾题的重要依据",在特定的条件下,同样的符号"在其他体裁的文本中都可以看到,但接收者并不会认为这些文本是广告,主要是因为这些符号没有出现在上述的常见位置"。因此,"不少广告解释借用尾题的位置进行体裁创新"。也就是说,"一旦尾题改变,最明显的体裁标示也就消失了,广告就可能被误读,或者借助伴随文本来促进解读"。(见视频2-6、2-7、2-8)

视频2-6　　　　视频2-7　　　　视频2-8

总之,在饶广祥教授看来,"只要符合下面三个条件的文本,便是广告:第一,此文本必须包含商品或服务信息,且商品或服务信息以不可忽视的'尾题'方式出现;第二,此文本是旨在说服受众购买商品(服务)或者接受某种观点的意动性文本;第三,此文本以'非人对人'的方式传播"。概而言之,广告是具有尾题的特殊文本。

三、广告的符号学本质:广告文本与广告活动

笔者赞同饶广祥教授对广告概念的两分法,将广告"文本观"与"活动论"区别开来;同时,也部分认同他对广告文本的理解。但是,将"尾题"作为广告

的本质特征,似乎陷入了"形态论"的"陷阱"。

正如笔者在前一章讨论的,"广告形态"作为广告的外在式样和外部表现,是处于不断变化之中的,因此不能作为广告的本质而存在,也不能作为我们理解广告本质的关键。

更为重要的是,如果将"尾题"作为广告的本质特征,必然将我们讨论的广告局限于"形态化广告"(即"硬广告"),而将各类报刊"软文"、影视"植入式广告"以及互联网"原生广告"(即"软广告")都排除在外。"软广告"在体裁特征上区别于"硬广告"之处,恰恰是它不必出现"尾题",或者"尾题"并不必出现在特定的位置上。

因此,笔者拟沿着饶广祥教授的视角,继续借用符号学的理论,来推进对"广告文本"和"广告活动"的理解。

首先,就"广告文本"而言,广告的本质特征是其"意向性"和"意动性"。所谓"意向性",是指广告中所有的符号都会指向商品或服务。著名的符号学者赵毅衡在他的《符号学原理与推演》(修订本)一书中指出,"符号过程,定义上不可能终结,因为解释符号的符号依然需要另一个符号来解释"。这种现象,就是皮尔斯所说的"符号表意,必然是无限衍义"[①]。因此,广告中必须要设置"发出者意图解释的理想终止点",这个点,用符号学的术语来说,就是"意图定点"[②]。当然,广告中的所有"意图定点"必然落在商品(或服务)之上,通过这种设置来强迫受众解读,否则广告就会失去广告的基本价值。所谓"意动性",是指广告是一种典型的叙述体裁,即具有未来叙述的特征。"未来叙述,不仅是叙述未来的事情,而且是预言这种情节将要发生,来劝说或要求受众采取某种行动。这一类叙述数量极大,包括诺言、广告、预言、测算、警告、劝告、宣传、发誓等。这类叙述的最大特点,就是承诺某事件会发生,或是否定性承诺,即恐吓警告,其目的都是要求受众做出某种相应的行为。"只不过"广告"是"以'将会发生的故事'诱劝可能的购买者"[③]。(见视频2-9)

---

① 赵毅衡.符号学原理与推演(修订本)[M].南京:南京大学出版社,2016:101.
② 赵毅衡.符号学原理与推演(修订本)[M].南京:南京大学出版社,2016:180.
③ 饶广祥.广告符号学[M].成都:四川大学出版社,2014:46-48.

其次，就"广告活动"而言，广告的本质特征则是其"意义生产"与"意义传播"。所谓"意义生产"，就是指符号意义的生产过程，即"广告文本"的规划和设计，也就是平时我们所说的广告策划；所谓"意义传播"，就是经过规划和设计而成的"广告文本"，通过传播渠道进行传播的过程。（见视频2-10）

视频2-9

当然，"广告文本"与"广告活动"需要形成良性循环：一方面，"广告文本"的规划和设计，往往是"广告活动"的产物；另一方面，"广告活动"的最终目的，是受众根据规划和设计的意图来解读"广告文本"。

视频2-10

显然，这种理解不仅仅是多种视角下延伸出来的对广告的新定义，更是符号学理论视阈下定义广告的新进展。这种理解有利于加深我们对广告本质的理解，也有利于我们解读具体的"广告文本"，并有利于指导我们开展具体的"广告活动"。（见视频2-11）

视频2-11

小 结 不同视角下的广告定义

下面，笔者对本章内容做一个小结。

首先，本章对广告概念做了词源学的考察，发现英文 advertising 的拉丁词根具有"大叫大喊、引人注意"的意思；而中文的"广告"，显然是"广而告之"的意思。这在一定程度上折射了中、西方最初对广告的理解，至今也对我们的广告观产生着影响。

其次，本章对不同时代的经典广告定义做了考察，介绍了四种代表性的观点，即广告是新闻，广告是推销，广告是传播，广告是营销传播。不同时代的定义折射了当时人们对广告的理解，同时也历时性地呈现了人们对广告理解的变迁和深入。

符号学学者对广告的概念进行了富有成效的探究，并区分了"广告文本"

与"广告活动"。在此基础上，笔者沿用符号学视角，试图将"广告文本"与"广告活动"统一起来理解，并提出"广告文本"的本质特征和"广告活动"的本质特征。"广告文本"的本质特征，是广告的"意向性"和"意动性"；"广告活动"的本质特征，则是广告的"意义生产"和"意义传播"。这种理解不仅仅是多种视角下延伸出来的对广告的新定义，而且是符号学视阈下理解广告的新进展。

第三章　什么是好广告

——优秀广告的多维评价标准

西方有一句谚语："一千个读者眼里有一千个哈姆雷特。"(There are a thousand Hamlets in a thousand people's eyes.)对于"什么是好广告"的答案，套用这句谚语，也是不错的。每个人都可以站在自己的角度，来评价一则广告的好坏，并且可能得出完全不同的结论。(见视频3-1)

视频 3-1

尽管如此，"什么是好广告"作为广告学理论研究的基本问题，依然需要我们严肃地展开讨论，并且力图达成一定的共识。当然，要达成共识并不是一件容易的事情，它涉及不同层面的不同主体，也涉及诸多必须认真检视的变量。

在此，我们尝试完整地归纳和呈现一些评价广告的基本视角和观点，并从广告创意、广告销售、广告传播及广告社会责任等四个层面来展开论述。

第一节　广告的创意评价

每个行业都会有一些被公众广泛接受的特定概念。对于广告行业来说，

"创意"恐怕是除了"广告"之外,最受人关注的概念了。也因为如此,广告行业也常常被归类于"创意产业"。

英国是全球最早提出"创意产业"概念的国家。英国创意产业特别工作组对创意产业的定义为:"源自个人创意、技巧及才华,通过知识产权的开发和运用,具有创造财富和就业潜力的行业。"区别于"文化产业"暗含机械复制和标准化生产之意,"创意产业"的提法更强调个人的创意和创新,更注重文化的个性和个人的创意、技巧及才华。

广告作为典型的创意产业,一直极其重视"创意"。"创意"也使得广告区别于一般的信息传播(如新闻),成为广告及广告行业最为重要的价值,得到了社会的广泛认同和普遍尊重。正因如此,在大多数人看来,"好广告"几乎等同于"有创意的广告"。对于将创意作为职业理想的广告从业者,更是认同甚至倡导这种观点。

虽然在后面的章节中,我们才能正式地讨论广告创意的概念,但不妨在这里先直接使用这个大家非常熟悉的概念,来讨论"怎样的广告,才是有创意的广告?"这一问题。

对于这个问题,很多广告大师都给出过自己的答案。其中,作为广告唯情派的旗手,美国著名的广告大师威廉·伯恩巴克(William Bernbach)早在20世纪60年代,就根据自身创作积累,总结出一套创意理论——ROI原则。ROI原则既是一种实用的广告创意指南,也是一套实用的广告创意评价标准。

在此基础上,有学者对ROI原则做了一定的延伸,增加了延展性(Tractility)指标,形成了ROIT原则。[①]所谓ROIT,就是指Relevance(相关性)、Originality(原创性)、Impact(震撼性)、Tractility(延展性)。

一、广告创意的相关性

相关性,又称为关联性,是广告创意的首要评价标准。简单地说,相关性就是指广告创意与商品(或服务)的关联度。当然,关联度越高,广告创意就

---

① 闫承恺. 当代广告创意的评价标准[J]. 美与时代,2008(1):103-104.

越棒。

对此,伯恩巴克曾经说过,"枯燥乏味的广告不能帮你卖出东西,与产品毫无关系的'聪明之作'也不能"。可见,对于创意而言,相关性是至关重要的。

具体来说,相关性包含两个方面的内容。

其一,广告创意要与消费者的生活发生关联。

创意人要具备极强的洞察力,敏锐地发现人们生活中不寻常的细节,并把这些细节提炼出来,作为广告创意的素材加以表现。正因为是基于日常生活的经验,消费者看到这些广告时才会发出会心的微笑。(见视频3-2)

视频3-2

其实,看似平凡的日常生活中蕴藏着取之不尽的素材,与广告创意存在着很多的关联,关键在于能否独具慧眼地去发现这种关联。广告行业经常将这称为"消费者洞察"。没有好的洞察,就不可能有好的创意。借用一句名言,"艺术源于生活,高于生活",优秀的广告创意同样也应该升华为这样一种生活的艺术。

评价广告创意的优劣,首先要看它与消费者的日常生活有无关联,以及关联度如何。

其二,相关性还指广告创意的图形之间应该具备关联性。

越来越多的广告,采用"同构图形"来表现。所谓"同构图形",是指两个或两个以上的图形组合或叠加在一起,共同构成一个新图形。同构图形之间的关联是视觉上的,也是心理上的,即"形的相关性"和"义的相关性"。

对"形的相关性"的评价,要看同构图形之间是否存在共同的结构,以及在创意表现上是否浑然天成,融为一体。也就是说,图形之间的过渡要自然,不能有生拼硬凑之感。

对"义的相关性"的评价,要看图形意义的对接是否准确,创意的逻辑是否严密。就好比一部电影,无论画面如何优美,如果情节上存在硬伤,也不算是一部成功的电影。

当然,如果广告创意的同构图形在"形"和"义"上都有相关性,即"形义双关",那就最理想不过了。

当然,这里所说的"同构图形",可以不是具体的"图形",可以是一种"意象"、一种"形象"。例如,佳洁士盐白牙膏的《盐田篇》,广告借用了"盐田"形象,以一个儿童为主角,诉说"爷爷生活在盐的世界里,盐是雪白雪白的"。这种"意象",与牙齿的"洁白"之间具有"形义双关"性。

另外,图形与意义的联系并不局限于一一对应,一形可以多义,一义也可以多形。借鉴文学创作的修辞如比喻、象征手法,还可以将抽象的意义转化为具象的图形。(见视频 3-3)

视频 3-3

二、广告创意的原创性

原创性,是指广告的创意新颖独特,给人与众不同的感觉。原创性是广告创意的重要评价标准之一。

由于现代社会同类产品越来越多,同质化倾向愈演愈烈,各种信息的发布铺天盖地,广告如果沿用一般的表现方式,很难引起消费者的注意。因此,在注意力高度稀缺的时代,如何引起消费者的注意,成为广告必须解决的基本问题。

在各类广告设计竞赛中,原创性常常是评委们最看重的评价标准之一,获得大奖的广告无一例外都具有很强的原创性。也就是说,广告创意的形式和方法新颖独特,是之前没有见到过的,新鲜的,因此也是引人注意的。这成为优秀广告的重要标准。(见视频 3-4)

视频 3-4

对于如何才能创作出具原创性的广告创意,香港设计师李永铨曾经提出"冰山定律"。所谓"冰山定律",就是在寻找创意元素的时候眼睛不能只盯住露出海面的冰山一角,而应潜入深海去寻找真正的冰山。冰山下面的空间是无限的,任你遨游,愈向深处寻找,未发掘的空间及境界也愈浩瀚,创作素材将取之不尽、用之不竭。基于这个定律,李永铨进行了卓有成效的创意实践,对原创性的执着追求使得他屡获殊荣,其所获奖项超过 580 项,被日本畅销设计杂志 *Agosto* 评为"香港未来十年最具影响力的唯一平面设计师",他还因原创

的设计于2008年获选"世界杰出华人"。^①（见视频3-5）

著名的广告大师李奥·贝纳曾经说过，"广告中原创的诀窍，不在于制造新奇花哨的图像文字，而是组合那些熟悉的文字与图片，产生全新的趣味"。

视频3-5

当然，原创性必须建立在相关性的基础之上。原创不是纯粹的标新立异，而是为了更有效地传达广告信息，使广告成为品牌的一种独特的标记。

三、广告创意的震撼性

震撼性，又称为冲击力，是指广告创意要具备强劲的视觉冲击力和心理震撼力。

为了在喧嚣的信息海洋中吸引足够多的眼球，广告往往会在画面上营造出强烈的视觉冲击力。用著名广告大师韦伯·杨的话来说，创意的本质就是"旧要素、新组合"。将大家本来都很熟悉的元素，以一种新的方式加以组合。这种组合不仅仅是原创的，而且必须有冲击力，特别是能够产生较强的视觉、嗅觉、听觉等知觉上的冲击力。

例如，报纸经常被密密麻麻的文字所填满，因此一些广告反其道而行，利用大量留白的创意手法，从拥挤的报纸版面中跳脱出来，具有非常强的视觉冲击力。

要想打动消费者的心，仅仅靠感觉和知觉的力量是不够的，还需要在他们的内心深处掀起波澜，这就是创意的观念震撼力。要产生观念上的震撼，就必须找准创意的切入点。根据目标消费者的所思所想，有的放矢地创作出具有相关性的创意广告，既有深度，又具震撼力。

---

① 视集ADS.从"坏孩子"到"品牌医生"——设计大师李永铨【玩.物.作／P.O.P】设计展［EB/OL］.https://www.douban.com/note/687206518/,2018-08-19.

四、广告创意的延展性

广告创意的延展性,是指广告具有强劲的核心创意,能够跨越不同的媒体形式进行表现,并跨越不同的地域文化空间实现传播。

广告的发布往往并不限定在单一的媒体上,而是在多种媒介上同时出现,以营造强大的广告攻势。基于整合营销传播理论的要求,广告尽管在不同媒体上发布,但其传达的信息必须是一致的。这个时候,广告创意的延展性就显得格外重要了。(见视频3-6、3-7)

视频 3-6

我们常常把那种具有很强延展性的广告创意,称为"大创意"。这里所说的"大",并不是指它的震撼性或冲击力,而是指创意的延展性具有极强的延伸能力,能形成源源不断的系列广告作品。

视频 3-7

例如,斯米诺夫伏特加酒广告,一直延续着"透过现象看本质"的核心创意,具有极强的延展性。在这种酒的广告中,总是出现它的酒瓶。透过酒瓶我们看到了一个个令人震惊的、与事物表象截然不同的画面:在羊群中,我们看到了披着羊皮的狼;在美女的身体上,我们看到了凶恶的蛇;在华丽的墙面装饰下,我们看到里面的结构已是破损不堪。该系列广告的核心创意是,斯米诺夫伏特加酒的品质非常纯净,纯净到透过它,可以看到事物背后隐藏着的真实。

总的来说,许多大师和学者针对广告创意,提出了不同的评价标准,甚至发展出很多量化评价体系,但基于伯恩巴克提出的ROI原则修订而成的ROIT原则,具有一定的代表性,是评价和衡量广告创意高低的基础性标准。(见视频3-8)

视频 3-8

第二节 广告的销售效果评价

广告作为市场营销的工具之一,服务并服从于产品销售。销售效果,自然而然成为广告最重要的评价标准之一。

尤其是站在甲方(广告客户)的角度来说,广告作为一种投入,理所应当产生销售回报;如果没有销售,广告就失去了存在的基本意义和根本价值。

一、销售是广告的终极目标

广告虽然无可避免地成为一种社会现象,但它首先是一种商业现象,是为产品销售而出现和存在的。可以说,销售是广告产生的最直接、最重要的动因,也是广告存在的前提条件和基本价值。

对此,广告大师们都一致认同。著名的广告大师奥格威就反复强调:"广告不应该被视为一种艺术形式的表现。广告唯一正当的功能就是'销售'——不是娱乐大众,也不是运用你的原创力或美学天赋使人们留下深刻的印象;做广告是为了销售产品,否则就不是做广告。"

当然,广告需要创意,需要巧思,需要艺术表达,没人会否认艺术性和创意对于一则广告是多么重要。但是,创意和艺术表达不过是广告借助的工具和手段,销售才是广告的根本目的。

所以,李奥·贝纳也说过:"我们生活的真正目的,便是透过创意和点子,为客户塑造商誉并不断开创销售佳绩。"他还强调:"有能力的创意人员,不会认为他的工作只是做一则或一套广告,他一定会下功夫去了解影响产品销售的其他因素。"

二、广告的销售评价指标

销售作为评价广告的重要标准之一,有一套可以量化的评价指标。

与销售直接相关的变量,包括销售额、销售单位、市场占有率、咨询电话、参观拜访、预订等。用这些指标来评价广告,不仅具有一定的合理性,而且可以量化,显得客观、科学。

三、销售评价模式的缺陷

当然,以销售指标来评价广告也存在着"致命"的缺陷。

缺陷之一:表现为广告可能具有销售效果,但无趣无味,甚至令人憎恶。如同李奥·贝纳的名言:"有趣却毫无销售力的广告,只是在原地踏步;但是有销售力却无趣的广告,却令人憎恶。"

缺陷之二,看起来量化、客观、科学的评价方法,未必真的能够客观地评价广告的优劣。根据杰瑞·麦卡锡(Jerry McCarthy)最早提出的"4P理论",销售受到包括产品(product)、价格(price)、渠道(place)、推广(promotion)的影响,而推广包括广告、公关、促销等一系列的营销活动。可见,广告只是影响销售的因素之一。既然影响销售的因素非常多,那么,用销售指标来衡量和评价广告,当然未必合理,也未必公允。

第三节　广告的传播效果评价

19世纪末,AIDMA法被提出时,人们便开始意识到广告对销售的影响,需要经历若干中间环节。

随着20世纪40年代传播学在西方的兴起,传播效果层级观念正式得到学术化确认。人们认识到,广告虽然从终极目标来说是服务于销售,但其本身并不是销售,而是一种传播,是通过传播来实现销售的目标。

一方面,广告成为传播学的重要实证研究领域,推动了传播学的发展和应用;另一方面,传播学为广告研究提供了理论支撑,大量广告传播效果模型被提出并得到应用,推动了广告效果评估的精细化和科学化。

一、AIDMA 法则

AIDMA 法则是最早的广告传播模型,在 1898 年由 E. S. 刘易斯最先提出,是指在消费者看到广告后,到发生购买行为之前,动态地引导其心理过程,并将其顺序模式化的一种法则。其过程依次为引起注意(Attention)→产生兴趣(Interest)→培养欲望(Desire)→形成记忆(Memory)→促成行动(Action)。该法则对于一个消费者从普通受众到最终消费者的心路变化过程阐述得较为准确,把握了关键变化点,对广告创意与制作具有很强的指导意义。

二、DAGMAR 法

最为经典的广告评价模型之一,是美国广告学家 R. H. 科利(R. H. Colley)于 1961 年提出的"DAGMAR 法",也有人将其称为"科利法"。

之所以称为 DAGMAR 法,是因为该方法是科利在其所著的 *Defining Advertising Goals for Measured Advertising Results* 一书中提出的。该书的中文名可以翻译为《制定广告目标以测量广告效果》,该书英文名的首字母合在一起即为 DAGMAR。(见视频3-9)

🎥 视频 3-9

科利的观点具有开创性。因为他明确地提出,广告所执行的只是传播任务(communication task)。因此,一方面,在广告策划时,应该设立合理的广告传播目标;另一方面,应该用传播指标来衡量和评价广告。

为此,他具体提出了一个可以量化评估的广告传播效果层级模型。这个模型包括四个层级:一是知名(awareness),即潜在顾客首先一定要知晓某品牌或公司的存在;二是理解(comprehension),即潜在顾客一定要了解某品牌或企业以及这个产品能为他做什么;三是确信(conviction),即潜在顾客一定要达到心理倾向,并确信想去购买这种产品;四是行动(action),即潜在顾客在了解、信服的基础上经过最后的激励产生购买行为。

三、Lavidge & Steiner模型

与"DAGMAR法"同年提出的,还有另一个经典的模型。那就是,罗伯特·J.勒韦兹和加里·A.斯坦纳于1961年在美国期刊《市场杂志》上提出的"从知名到行动的进展"层级模型,有人将其称为"Lavidge & Steiner模型",简称"L&S模型"。

L&S模型认为,广告对消费者形成的影响,一般经历三个大的阶段和六个小的层级:第一个阶段是认知阶段,包括知晓、理解两个层级。在这个阶段,广告主要是提供相应的信息和事实。第二个阶段是情感阶段,包括喜欢、偏好两个层级。在此阶段,广告主要是改变情感和形成态度。第三个阶段是意动阶段,包括确信(或称信服)、购买(行动)两个层级。在这个阶段,广告更多的是引导或刺激消费者,使之产生购买欲望甚至产生行动。

此后,大量的广告传播效果评估模型被提出。这也在一定程度上推动了广告实践的科学化发展。广告不再是纯粹意义上拍脑袋的工作,而是一项可以量化评估的专业活动。是不是好广告,也终于能得到较为科学的判定。

当然,这些模型依然算不上完美。因为,对不同的产品、不同的消费者、不同的消费场景,广告的影响并不相同。所以,我们要不断地调整和改良广告传播效果评价模型,更为客观、准确地评价广告。

四、AISAS模型

AISAS模式,是日本电通公司针对互联网和无线应用时代消费者生活形态的变化而提出的一种新的消费行为分析模型。该模型认为,消费者行为一般要经历注意(Attention)→兴趣(Interest)→搜索(Search)→行动(Action)→分享(Share)。

该模式提出了两个具有网络特质的"S",即搜索(Search)和分享(Share),其核心理念是不能一味地单向灌输,而应该尊重消费者的主体性。这显然适应了互联网,尤其是社交媒体以及自媒体的变化。AISAS是目前最权威的互联网时代消费者行为分析模型之一。(见视频3-10)

视频3-10

第四节 广告的社会文化批评

销售是广告的首要功能,也是其存在的基本前提和基本价值。但是,随着市场经济的发展与繁荣,广告必然"溢出"经济领域,成为一种客观存在的、不可忽视的、重要的社会文化现象。

一、广告作为社会文化现象

学者们早已关注到广告的社会功能。美国经济史学家D. M. 波特曾言:"论社会影响,广告可以同由来已久的机构(如学校、教堂)相比,它统治了媒介,对大众标准的形成有巨大的影响,它是很有限的几个起社会控制作用的机构中货真价实的一个。"

作为社会控制工具,广告不仅仅影响销售,而且可能直接或间接地影响价值观甚至意识形态,从而深刻地影响甚至是塑造社会公众。(见视频3-11)因此,人们在评价广告时,常常会跳出商业视角或营销领域,来探讨广告与社会、广告与文化的关系,从而形成广告的社会文化批评。

视频3-11

总体而言,我国的广告社会文化批评呈现出两种情况,一是基于现象层面的"非学术化""非专业化"批评,二是基于西方理论资源的"泛文化"批评。目前,这两种广告批评均存在着明显的问题。

二、基于现象层面的"非学术化""非专业化"批评

所谓基于现象层面的"非学术化""非专业化"批评,往往是社会公众、从业者、新闻媒体等,就广告出现的一些问题,诸如虚假广告、广告的低俗或低格调问题、广告创意表现形式等问题,而展开的一种社会讨论。

北京大学陈刚、祝帅两位教授对这种"非学术化"批评做过较为深入的探讨,认为:"非学术化具体表现为,一些广告行业内部的批评者所进行的广告批

评流于经验和感想,就事论事,很难形成有深度的批评,因而很难产生广泛的影响力。"①

"非专业化具体表现为,出现在学术刊物和各种大众媒体上的'广告批评',多是出自非广告专业人士之手","往往缺乏坚实的广告理论作为依据,只求'一吐为快',其结果往往是体现为一种'谩骂',缺乏对'广告'专业的基本的敬畏","从而偏离广告的本体和广告批评的社会意义","容易对公众造成误导"。②

三、基于西方理论资源的"泛文化"批评

陈刚、祝帅还讨论了另外一种基于西方理论资源的"泛文化"批评。"近年来,随着文化研究在中国学术界的引入,一种泛广告、泛文化的'大广告批评'或曰'广告文化批评'也正在悄然兴起。这种文化批评的背后是各种西方现代哲学和文艺理论资源。""一时间,各种源自西方文学理论和文化理论领域的'结构主义批评''语言学批评''符号学批评''女性主义批评''后殖民主义批评''新历史主义批评'等文化、影片分析与批评的模式,被一股脑儿地介绍到中国,并且很快就被应用于对广告的文化研究与文化批评中。"③

"但事实上,这种'批评'往往是把一些现有的理论拿来套用在对广告作品的分析上,除了密集的理论概念之外,其原创性和难度都不高,并且因为所套用的理论常常是预设了'权力''话语''消费''欲望'等观念框架,使得这种'批评'往往是先入为主式的,而不是基于广告本体的批评实践。尤其应该注意的是,许多文化研究类的广告批评所选取的样本,在广告行业中不具有典型意义,而是基于原有的文化研究理论所找来的所谓例子和印证。因而这种泛文化的批评,除了带来理论思维的乐趣之外,并不能增加我们对广告行业本体的

---

① 陈刚,祝帅. 当代中国广告批评的三个问题[J]. 山西大学学报(哲学社会科学版),2009
  (5):74-78.
② 陈刚,祝帅. 当代中国广告批评的三个问题[J]. 山西大学学报(哲学社会科学版),2009
  (5):74-78.
③ 陈刚,祝帅. 当代中国广告批评的三个问题[J]. 山西大学学报(哲学社会科学版),2009
  (5):74-78.

知识和了解。"[1]

四、广告批评作为一种反馈机制

中国传媒大学丁俊杰教授也不赞成"泛广告"批评,他认为"他们忽视了广告作品本身的特殊性,将广告批评混同于一般的社会文化批评"。不过,丁俊杰强调,"广告批评是一种特殊而有效的反馈机制",是"影响广告发展的重要力量"。因此,应该"从广告创作规律的角度对广告作品做出客观和真实的批判"[2]。

笔者认为,一方面广告需要建设性的、学术性的广告批评。因为建设性的、学术性的广告批评,可以推动广告的健康发展。另一方面,我们还是要强调,销售是广告的本体功能,是广告存在的基本价值,不能对广告强加过于苛刻的要求,更不能脱离营销或者销售来讨论广告与社会文化的关系。(见视频3-12)

视频3-12

当然,广告批评的终极价值,是要推动广告对社会责任的主动担当。广告大师李奥·贝纳曾经说过,"我们制作销售产品的广告,但也请记住,广告负有广泛的社会责任"。这是所有广告人应该牢记的使命,也是所有广告要承担的责任。

小　结　多维视野下的广告评价标准

说了这么多,对于"什么是好广告"的问题,还真是难以用一句话来回答。对于这个问题,可谓仁者见仁、智者见智。

第一,从广告创意的角度来回答,主张"有创意的广告才是好广告"。这既是大多数广告创意人的观点,也是很多普通消费者能接受的观点。

---

[1] 陈刚,祝帅. 当代中国广告批评的三个问题[J]. 山西大学学报(哲学社会科学版),2009(5):74-78.

[2] 丁俊杰. 让广告批评成为影响广告发展的重要力量[J]. 大市场·广告导报,2006(5):96.

第二，从广告销售效果来评价，强调"销售是广告的最终目的，也是广告存在的基本前提"。这种观点显示出广告主的基本立场，也符合一些市场派广告人的观念。

只不过，广告只是销售的工具之一，而且广告是通过传播来实现销售的。因此，用销售来评价广告，不仅可能不公允，而且可能造就一批有效但无趣、甚至是令人憎恶的广告，从而为广告人所不齿，也让普通消费者厌恶。

第三，从传播效果来衡量，"广告只是营销销售的原因之一"，并且"广告是通过传播来实现销售的"。

基于这个基本理念，学者们提出了很多广告传播效果层次模型，诸如AIDMA、DAGMAR、L&S及AISAS等模型。

第四，广告的社会文化批评，是影响广告发展的重要力量。但目前的广告文化批评存在着"非专业化""非学术化"及"泛广告化"的问题。

笔者认为，一方面广告需要建设性的、学术性的广告批评，以推动广告的健康发展；另一方面，销售是广告的本体功能，不能对广告强加过于苛刻的要求，更不能脱离营销或者销售，来讨论广告与社会文化的关系。

当然，广告批评的终极价值，最终指向广告对社会责任的主动担当。

可见，广告一点也不"疯狂"；相反，在创意、销售、传播、社会文化等的各种约束下，广告一直小心谨慎，诚惶诚恐，如履薄冰。唯此，广告方能不负众望。（见视频3-13）

视频3-13

第四章　广告说什么

——广告主题与核心概念

广告作为一种传播活动,至关重要的是解决"说什么"的问题。如同我们日常生活中的交流一样,要让对方了解自己所要表达的意思,当然我们先要明确自己想要表达的观点。(见视频4-1)

广告作为一种商业性传播活动,需要花费企业的资金,而且经常是花费巨资。因此,在广告正式刊播之前,要对广告进行总体的规划,并精心设计广告的每个要素。其中,最重要的环节就是确定广告要"说什么",即确定广告主题。这正是我们今天要深入讨论的话题。

第一节　广告主题的理解

什么是广告主题?具体来说,这个问题又可以分解为若干个小问题,包括:如何理解广告主题这个概念?广告主题的本质是什么?广告主题的存在形态是什么样子的?只有正确地回答了这些问题,才能真正理解广告主题。

一、广告主题就是广告的中心思想

所谓广告主题,简单地说,就是广告"说什么"。但鉴于"说什么"的过程中,可能存在着一些影响我们准确理解广告主题的"枝叶",所以我们再换一种表达来解释,那就是"中心思想"。

对于中心思想这个概念,大家应该都非常熟悉。我们从小就在语文课堂上接触和使用这个概念,常常被语文老师要求归纳某一篇文章表达的中心思想。(见视频4-2)

视频4-2

其实,不仅仅是文章,任何一个作品,诸如一部小说、一首诗歌、一部电影、一个艺术品等都有自己的中心思想,都有作者想要通过这个作品力图表达的核心看法、观点、态度、立场等。

当然,有些作品的中心思想非常明显,毫不掩饰,旗帜鲜明,直抒胸臆;有些作品的中心思想则比较隐讳、晦涩,表达委婉,如以古讽今,暗含褒贬等。

比如,陶喆于2002年推出的《黑色柳丁》专辑中,有一首特殊的歌,名叫《今天晚间新闻》,给人留下了非常深刻的印象。(见音频4-1)

音频4-1

说这首歌特殊,是因为严格意义上说,它不是一首传统意义上的歌,没有歌手的演唱,甚至也没有音乐旋律,而只是抓取了一些晚间新闻的声音片段,并进行了特殊的拼合。

对于这首歌的特殊形态,我们在下一个专题讨论"广告创意"时,也许还会用到这个案例。在这里,我们先关注它所要表达的主题,或者说是中心思想。

我们先来分析一下这首歌的内容。这些被抓取的新闻片段,光怪陆离,令人窒息:有凶杀、赌博、走私、吸毒,也有地震、猝死、性侵、纵火,还有感情纠结、家庭纠纷、政治作秀,可谓满满的负能量。

但,就在几乎绝望之时,歌曲的结尾,是一个女童的哭诉,"妈——妈——,我好想你——,我真的好想给你一个拥抱……",接着是一位成年女性的哭诉,"母亲节要到了,现在已经966天了,不可能放弃啦——",最后一句"未来要如何重建,暂时还没有答案"。至此,作品戛然而止。

有人曾这样评论:"陶喆的《黑色柳丁》充满了事实真相与音乐诚意。""《今天晚间新闻》陶喆式的政治波普,在一连串、不间断的声音采样中,我们不仅听到了社会新闻、交通路况、犯罪报道、天气预报,还听到了孩子无助地哭诉。这是一个'浮世绘'的声音版,通过声音——这个让人可以更多地展开想象的工具,我们全方位地感受到这个社会的混乱、癫狂、悲苦。"①

笔者认为,这些音乐评论,还是不可避免地倾向于关注这首"歌"的特殊形式。所以,有必要拨开"形式"的"迷雾",来洞察广告要表达的真实的"中心思想"。

其实,陶喆想要表达的是,虽然这个社会还存在一些问题,但我们心中依然有爱,依然有希望。只不过,陶喆并没有直接表达观点,而是借用这些新闻片段,借用当事人的哭诉来表达,"未来该如何重建,暂时还没有答案";同时又隐约让人觉得,只要有爱,只要有善意,就一定会有答案。

广告当然也是一样,也有自己的中心思想,有自己的主题,有广告主或创意者想要通过广告作品表达的对某些问题的看法、态度、观点、立场等。而这些通过广告表达的看法、态度、观点、立场等,就是广告主题,也就是广告的中心思想。(见视频4-3)比如,著名的意大利服装品牌贝纳通,几十年来持续关注三大全球性的问题,并将这些问题一直作为自己的广告主题。这三大问题分别是种族歧视、战争和艾滋病。

视频4-3

贝纳通的广告,与陶喆的《今天晚间新闻》有类似的地方,他们都以卑微的一己之力,表达对这些重大社会问题的看法,显现出他们强烈的社会责任感。

二、广告主题往往以概念形式存在

进一步说,广告主题虽然是广告的中心思想,但毕竟广告区别于一般的作品。虽然广告同样可以表达伟大的主题,但毕竟广告的容量非常有限。

---

① 黑色柳丁[EB/OL].http://www.xici.net/d89048686.htm,2009-04-22.

大家知道，一般的电视广告也不过是5秒、10秒、15秒，长的也不过是30秒、1分钟。即使发展成了微电影广告，相对于电影等艺术作品而言，其容量依然非常有限。

因此，广告的中心思想往往不需要长篇大论，甚至不需要复杂的段落语句来表达，而只需用核心概念来呈现。一个好的核心概念，对于广告来说，甚至对于一个品牌来说，都是至关重要的。(见视频4-4)

视频4-4

杨朝阳博士把广告当作系统的资讯，认为"广告表现是由概念(concept)和点子(idea)组合而成的"。他明确提出，"概念为表现的骨架，而点子则为其血肉。或者说，表现概念为讯息，而点子为说服手段"[①]。显然，他也认同广告的中心思想往往是以"概念"而存在的。(见视频4-5)

视频4-5

以加多宝为例，它所诉求的"怕上火"这个概念，就极具传播力和营销力。在中国的饮料市场上，直到"怕上火"提出之前，始终没有任何概念可以与可口可乐、百事可乐相抗衡。中国的饮料市场也曾一度被这两大世界巨头所"垄断"。

而"怕上火"这一概念的提出，从根本上改变了这种格局。因为受到中医理论的深刻影响，"上火"是中国人特有的观念，从而被中国人广泛接受。因此，作为潜移默化受到中医文化影响的我们，会不由自主地将许多问题归结为"上火"：熬夜上火了，吃了烧烤上火了，天气炎热上火了；口舌生疮是上火了，长了小痘痘也是上火了，甚至晚上失眠多梦都被认为是上火了……总之，"上火"可以覆盖日常的很多细节，也适用于不同季节，从而表现出巨大的市场价值。

也难怪，广告一经推出，"怕上火"的概念就深入人心，为消费者所接受，成就了"加多宝""王老吉"这两大凉茶品牌。以2016年为例，加多宝和王老吉的

---

① 杨朝阳. 广告战略[M]. 北京：中国商业出版社，2007：107.

凉茶市场份额分别为52.6%和42.4%,两者合计市场份额高达95%。[①]

同时,"怕上火"也造就了具有中国特色的"凉茶"市场。中国食品工业协会发布的《2015年度饮料行业整体运行报告》指出,2015年中国凉茶市场销售收入突破500亿元,位居饮料行业第四大品类。[②]

可见,好的核心概念不仅可以作为广告主题,而且可以作为品牌的核心主张,上升到品牌营销和市场战略的高度。

三、核心概念与USP

广告主题作为广告所表达的核心概念,还可以用另外一种方法来表述,那就是USP。USP是20世纪50年代初由美国人罗瑟·瑞夫斯提出的,其完整表述为Unique Selling Proposition,可以翻译为"独特的销售说辞"或者"独特的销售建议"。

USP理论可以归纳为三点:(1)每一条广告都必须给消费者提出一条建议,不光靠文字、图片等。每一条广告都必须告诉受众:"买这个产品吧,你将从中获益。"(2)广告提出的建议必须是竞争对手没有或者无法提出的,无论在品牌方面还是在承诺方面都要独具一格。(3)广告提出的建议必须有足够的力量感动消费者;也就是说,建议要有足够的力量吸引顾客购买你的产品。[③]瑞夫斯认为,一旦确定了USP,就应该不断地在各个广告中提到这个建议,并贯穿于整个广告活动。

M&M's糖果就是瑞夫斯实践USP理论的经典案例。1954年的一天,M&M's糖果公司总经理约翰·麦克那马拉找到瑞夫斯,希望瑞夫斯提供一个能够让消费者接受的广告创意。经过与客户的交谈,瑞夫斯从产品自身中找到了客户需要的构想。当时,M&M's是全美唯一用糖衣包裹的巧克力糖果。于是,在

---

① 朱茜. 凉茶行业风光不再:王老吉盈利现拐点,加多宝经营陷困境[EB/OL]. https://www.qianzhan.com/analyst/detail/220/181012-88579d06.html,2018-10-30.
② 雪球. 凉茶三国市场份额数据记录[EB/OL]. https://xueqiu.com/9511991571/66584626,2016-03-26.
③ 丁俊杰. 现代广告通论:对广告运作原理的重新审视[M]. 北京:中国物价出版社,1997:404.

M&M's 的案例中,瑞夫斯为其创作了一个非常简单的广告:两只手出现在银幕上,并且说:"哪一只手里有 M&M's 巧克力? 不是这只脏手,而是这只手。因为 M&M's 巧克力只溶于口,不溶于手。"从此,"只溶于口,不溶于手"成了 M&M's 巧克力的代名词,也成了 M&M's 广告一直诉求的核心概念。

可见,核心概念可以做不同层级的理解:可以是具体的一则广告作品提出的核心概念,也可以是贯穿于整个广告运作的核心概念,甚至可以是整个品牌的定位。(见视频 4-6)

视频 4-6

四、核心概念的符号呈现

当然,广告所提出的核心概念,通常是以词语的形式存在的。就像前面讨论的"怕上火"一样,"上火"当然需要用词语来表达,并且需要一句朗朗上口,具有很强辨识度和记忆度的广告口号,那就是"怕上火,喝王老吉""怕上火,喝加多宝"。

不过,语言文字虽然是我们表意时重要的符号类型,但毕竟只是其中的一种。在表意过程中,我们所借助的符号非常多样,有些符号类型区别于语言文字,具有特殊的优势,是语言文字无法完全替代的。

广义符号学的兴起,正好对应了我们这种对广告符号的思考。过去的符号学研究往往集中在语言文字上,而广义符号学则扩大化地将所有表意载体都纳入研究对象。四川大学赵毅衡教授在其《符号学原理与推演》(修订本)一书中,开篇就说:"人的精神,人的社会,整个人类世界,浸泡在一种很少有人感觉到其存在却没有一刻能摆脱的东西里,这种东西叫符号。"[1]

至于符号是什么,根据赵毅衡的界定,"符号是携带意义的感知"。在他看来,"意义必须用符号才能表达,符号的用途是表达意义。反过来,没有意义可以不用符号表达,也没有不表达意义的符号"[2]。也就是说,我们在表意过程中

---

① 赵毅衡. 符号学原理与推演(修订本)[M]. 南京:南京大学出版社,2016:1.
② 赵毅衡. 符号学原理与推演(修订本)[M]. 南京:南京大学出版社,2016:1.

所借助的一切东西,都可以看作符号。

广告作为一种商业传播活动,往往需要较大的资金投入,有时候甚至耗费巨资。因此,广告会经历策划、创意、设计、制作、发布等复杂的流程,并在此过程中被多次修改,最终才能定稿。广告中所使用的任何元素,每一个画面、每一个音符、每一个标志(LOGO)、每一个字等,都是符号;每个符号都具有表意的功能,都在相互协作、共同完成广告"说什么"的任务。(见视频4-7)

视频4-7

细说起来,这些符号可以分为不同的类型。根据其表意机制的不同,笔者将这些符号划分为三种类型,即Ⅰ类,通用性符号;Ⅱ类,叙述性符号;Ⅲ类,镶嵌性符号。

Ⅰ类,通用性符号:语言文字等通用符号。通用性符号是在一定的文化场域里发展起来的高度抽象化符号,是人们思维的载体,也是公用性表意工具。这类符号的特点是表意相对精确,但由于其高度抽象性,因此对符号接收者的"解读"能力提出了更高要求。

Ⅱ类,叙述性符号:人物、道具、声音,以及情节、故事、画面等具有较强的叙述能力,并可以相对直观表意的符号类型。这类符号,比较擅长"说故事",对符号接受者的"解读"能力要求较低,但相对于语言文字,存在着较明显的歧义性,解释的空间大。

Ⅲ类,镶嵌性符号:构图、色彩、背景音乐、调性等镶嵌在叙述性符号之中,辅助符号表意的符号类型。这一类符号不具有独立性,只能依附于叙述性符号而存在,而且它往往是通过暗示、联想等方式间接、含蓄地表意。

具体到一则广告,核心概念不仅会表现在语言文字这类通用性符号上,也会以叙述性符号和镶嵌性符号的形式体现出来。这三类符号共同完成广告的"表意"。

第二节　广告主题的结构

不同类型的符号所传达的核心概念，并不一定是同一个概念。因此广告主题存在着复合结构的可能性。

那些三类符号都表达同一概念的广告，显然就是"单一结构"广告；而那些三类符号表达不同概念的广告，则属于复合结构广告。

笔者发现，除了单一结构之外，复合结构又可以细分为三类，即平行结构、补充结构、置换结构。

一、单一结构

正如前面所说，单一结构就是指三类符号所表达的同一个核心概念。也就是说，广告主题高度集中，并用三类符号来具体表现。如，步步高手机《宋慧乔篇》就是典型的单一结构广告。（见视频4-8）

视频4-8

具体而言，该广告是以 II 类符号为主体，虽然故事性不强，但广告依然是一个主体性的叙事，宋慧乔戴着耳机，出现在海边。宋慧乔"完美"的形象，加上广告中"完美"的风景，都在间接地表达"完美"这个概念。当然，这类符号存在歧义性，不同的人也许有不同的理解。

广告中，III 类符号支持 II 类符号。其中，最为突出的应该是背景音乐，仿佛是宋慧乔耳机里的音乐，同时被观众听到了。即"完美"的音乐也在配合"完美"的形象和"完美"的风景。

当然，上述两类符号都没有明确提出"完美"这个概念，直到 I 类符号出现在广告的结尾，"完美音质，步步高手机"，才将前两类符号所表达的核心概念明确地表达出来。

总之，"完美"是步步高手机广告的核心概念，三类符号共同完成这个核心概念的表达。也正因为这则广告只有一个核心概念，所以我们将它称为"单一结构"广告。

二、平行结构

更多的时候,广告所表达的核心概念不止一个,因而出现了多类复合结构,并表现出核心概念之间的结构关系。

复合结构关系中,有一类是概念的平行结构。简单地说,就是广告表达了两个核心概念,这两者同时存在,并行不悖,如芬必得广告《石清华光爱学校篇》。(见视频4-9)

视频4-9

该广告的创意来源于一个真实的故事:石清华一家因为被严重烧伤,流落街头,就在寻求医治几近灰心绝望之时,得到了一些陌生朋友和公益组织的帮助,因而渡过了难关。这个特殊的经历也让他们一家坦然面对自己的创伤。

后来,石清华无意中在大桥底下结识了几个流浪儿童,自己的人生际遇让他格外同情这些孩子,因而萌生了帮助流浪儿童的想法。他回忆说:"那种爱始终激励着我,我觉得,我得到了别人的帮助,也应该去帮助别人,尤其是那些流浪儿童。"[1]

因此,他创办了北京光爱学校,专门收留来自全国各地的流浪儿童、残疾儿童、特困儿童,并提供免费寄宿制的教育。光爱学校从开始收留7个流浪儿,发展到收留103个孩子的规模,场地、资金等都出现了严重的困难。在社会各界的帮助下,他一直坚持着这项平凡而伟大的事业,用阳光和爱来帮助这些流浪儿童。用他的话来说:"阳光是无私的,爱更是无私的,让爱像阳光一样无私地温暖每一个人。"[2]

这则基于真实故事创作的广告,保留了纪录片的风格,黑白画面,镜头朴实,没有使用过多的影视技巧,较为客观地呈现了石清华的故事。正如广告最

---

[1] 欧阳海燕. 光爱学校的艰难生存[EB/OL]. http://news.sohu.com/20080310/n255626788.shtml,2008-03-10.

[2] 欧阳海燕. 光爱学校的艰难生存[EB/OL]. http://news.sohu.com/20080310/n255626788.shtml,2008-03-10.

后的标板所呈现的口号"芬必得,信得过","信任"显然是广告的核心概念,贯穿了I类、II类、III类符号。因此,这则广告很像一则公益广告。

与此同时,产品及产品功能也被巧妙地植入广告之中。其将收留流浪儿童的公益事业表述为石清华身上的"重担",不时让他颇感压力,同时用动画的形式呈现出这种"重担"带来的压力,而芬必得可以快速止痛,且药效持续24小时,给主人公石清华最好的支持。可见,"止痛"是广告想要表达的另一个概念,只不过相对于"信任"而言,这个概念似乎只是一个"暗线"。也就是说,"止痛"与"信任"概念一暗一明,同时传递给受众,共同影响消费者。

之所以如此设计广告主题结构,很重要的原因是芬必得已经在中国市场上建立了较为稳固的地位,其"止痛"概念早已深入人心。(见视频4-10)但芬必得逐渐发现,过分强化"止痛"概念,可能会给公众带来担忧,即"止痛是不是会有副作用?"基于此,芬必得在坚持"止痛"这个核心概念的同时,又不

视频4-10

能一味地强调这个核心概念,而应该建立消费者的"信任"。在"止痛"概念深入人心的基础上,"信任"才可能真正解决一些人不愿意使用止痛药的问题。

也就是说,"信任"与"止痛"两个概念,在广告中呈现出平行关系。芬必得当然不会放弃"止痛",但同时也要建立消费者对其的"信任",来突破止痛药市场的"天花板"。

三、补充结构

另外一种复合结构则是补充结构,即广告有一主一副两个核心概念。广告以主概念为主,但同时有一个副概念,对主概念进行补充,两者共同构成广告主题的补充结构。

通常而言,这类广告一般是以I类符号、II类符号为主,III类符号进行补充,以获得表达的张力,如Prestige不粘锅广告。(见视频4-11)

视频4-11

这是一则故事性较强的广告,讲述的是一个在卖场发生的故事。销售员多次想把打折的标签贴在Prestige锅底,但标签很快就掉了下

来,最后因为销售员贴标签太用力,整个锅掉了下来,砸中了销售员的头。

"不粘"当然是广告的核心概念,不仅仅是Ⅰ类符号明确地提示了 Prestige 不粘锅的品牌名称和产品类别,而且Ⅱ类符号运用故事来集中地表达了"不粘"这个产品的核心特点。正因为"不粘",才出现了广告中的小事故。

与此同时,这则广告还运用"幽默"的形式,包括作为Ⅱ类符号的故事情节,以及作为Ⅲ类符号的音乐等元素,间接地表达了"好玩有趣"的概念,从而使得 Prestige 获得了与其他不粘锅相区别的特点。只不过,"好玩有趣"是作为副概念而存在,对"不粘"的主概念进行补充和修饰。

两个概念,一主一副,共同完成广告的表意。其中,副概念是对主概念的补充和修饰。Ⅲ类符号的优势,在副概念的表达上显现出来。广告中音乐的变奏所形成的诙谐感,光头的销售员被不粘锅砸中后贴上的创可贴,以及最后的一行广告文案后面的一半耷拉下来等,都间接地表达了副概念——好玩有趣,从而将主概念"不粘"这个功能性极强的概念进行了"软化",变得亲近、好玩、有趣。

补充结构是非常常见的,比如王老吉、加多宝的"怕上火"系列广告。(见视频4-12)"上火"作为一个中医药概念,当然是中国的消费者所熟悉的,比较容易接受。但是,"上火"作为一个传统概念,以及凉茶所具有的"药"的某种特征,都可能会让年轻消费者觉得它不够"酷",不够"时髦",或者说是"out",所

视频4-12

以广告一般会用Ⅲ类符号表达年轻、青春、时尚等概念,从而补充"上火"的概念,让"上火"不仅仅具有产品功能,而且能代表年轻的生活方式,被更多年轻人所接纳和认可。

当然,有人可能并不认同这些副概念的提法,认为这些属于"广告创意"层面的问题,是广告"怎么说"的技巧和方法,并不是广告"说什么"。其实,在笔者看来,形式也具有表意功能。

四、置换结构

最后一类复合结构,是概念之间的置换关系结构。也就是说,广告提出了

两个概念,看起来是等同的,但其实是不同的。广告通过修辞等方法,用Ⅱ类符号、Ⅲ类符号所表达的概念,对Ⅰ类符号所表达的概念进行置换,从而形成一种特殊的概念置换结构。

如Herba饮料广告。(见视频4-13)这则广告表现了一对男女约会的场景。他们相识不久,但已经陷入热恋。在这次约会时,女孩大胆地讲出了自己的秘密:自己的胸垫了海绵,脸上像辛迪·克劳馥一样的那颗痣不过是涂上去的;没想到,此举反而感动了男孩,男孩勇敢地摘掉了自己的假发。爱,就需要真实;而真实,才能真诚。

视频4-13

这则广告主要抓住了natural这个概念,来诉求Herba饮料的草本"天然"的特点;但在故事中所展现的natural虽然可以理解为"天然""真实",但这里实际上是有一个比喻的修辞,即用爱人之间的"真实",来表达草本饮料的"天然"。也就是说,前者对后者进行置换,从而将这种看起来是单一结构的关系,转变成了复合结构的置换关系。

再举一个例子,那就是莫文蔚为佳能出演的《你好,色彩》广告。(见视频4-14)该广告中所诉求的核心概念,当然是"色彩"。但细细推敲起来,其实有两个不同的含义,一个是广告所要展示的佳能照相机的特点——外壳的丰富"色彩",另一个是广告所运用的各种不同人物身上的"色彩",显然后者是用来呈现前者的,这两者之间的勾连是通过"比喻"实现的。

视频4-14

严格地说,该广告也是一个补充结构,因为包括动感的街舞、音乐、模特等在内的Ⅲ类符号,间接地传递了另一个概念,那就是"时尚",以补充和修饰"色彩"这个概念,共同完成与年轻群体的沟通。

第三节　广告主题的确立

从广告操作角度来说,广告主题的确立是广告策划的核心内容。或者说,做广告策划,很重要的就是要解决广告"说什么"的问题。

任何一个核心概念的提出,从根本上说是源于对消费者的"洞察"(insight)。通过洞察,把握消费者的心理与需求;而核心概念就是对消费者心理和需求的满足,为消费者提供购买理由。

概括地说,这个购买理由主要有三个出处,即与时事话题有关、与产品有关、与情怀有关。

一、与时事话题有关的广告主题

广告作为一种与人沟通的工具,非常擅长"蹭热点"。因此,必然出现各种与时事话题有关的广告。

比如,加多宝虽然不是奥运会的赞助商,却可以以委婉的方式,即"祈福盛会",来规避侵权的风险,同时又与2008年北京奥运会勾连在一起。2008年北京奥运会曾经一度是最热的话题呢!

作为上海世博会官方赞助商的交通银行,当然更加要将世博会作为广告主题来加以表达。这则广告,通过一个钱币与交行的标志连接,巧妙地呈现了交通银行与世博会的关系,并突出了"世博会"主题。(见视频4-15)

视频4-15

进入21世纪之后,随着互联网尤其是移动互联网的发展,热点事件不断刷新,不断带来新的时事话题,为广告主题提供了丰富的话题资源,当然也对广告传播的快速响应提出了更高要求。

二、与产品有关的广告主题

所谓与产品有关的广告主题,是指广告主题所涉及的产品的历史、工艺、原料、配方、外形、包装、色泽、质地、品质等方面。广告主题的确立就是发掘产品的过程。

例如,五粮液广告《陈氏秘方》,就是从五粮液的"配方"入手,讲了一个非常有历史感的故事。(见视频4-16)众所周知,五粮液之前的名字并不好听,叫作"杂粮酒"。相传,杂粮酒的

视频4-16

酿制始于宋末明初,当时宜宾最为有名的当属"温德丰"糟坊,该酒的配方为其第一代老板陈氏所创,故名为"陈氏秘方"。

按照该配方,将大米、糯米、小麦、玉米和高粱五种杂粮按一定比例进行酿造,所得之酒叫作"杂粮酒"。1929年宜宾县团练局长雷东垣大摆家宴,席上使用杂粮酒,满堂称绝。席间,有人提议,如此佳酿,名为杂粮酒,似嫌鄙俗。既然集五粮之精华而成为玉液,何不称"五粮液"?"五粮液"才因此而得名。[①]

历史悠久的五粮液,自然有很多故事可以挖掘。除了名字的来历之外,"陈氏秘方"当然也是其中一个。而上述广告,显然就是以此为主题,展示了五粮液由五种粮食配比酿制的特点,同时也充分表现了五粮液悠久的历史和文化传承。

三、与情怀有关的广告主题

当然,广告也可以不谈产品,而是换一个角度,从情怀入手,抓住消费者的心理需求,实现与消费者的沟通。

如南方黑芝麻糊广告《叫卖篇》。(见视频4-17)这是一则非常有名的广告,虽然刊播于20世纪90年代,但至今仍震撼人心:

视频4-17

> "黑芝麻糊哎……"
>
> 小时候,一听见芝麻糊的叫卖声,我就再也坐不住了。
>
> 那亲切而悠长的吆喝,那夕阳下摇曳的芝麻糊担子。
>
> 忘不掉,那一股幽幽的芝麻糊香!
>
> 抹不去,那一缕温暖的儿时回忆!

这则广告并没有直接展示产品的特点,而是反过来去分析消费者的心理。

---

① 五粮液[EB/OL]. http://www.zunyi.gov.cn/zt/zgzyjlblh/jgsjcs/201710/t20171026_671024.html,2017-11-07.

每个人都有童年,童年是一份难忘的记忆,单纯而美好。在这些记忆中,舌尖的记忆是最为深刻的。那悠悠的叫卖声,那长长的街巷,那股黑芝麻的浓香,那份儿时的美好……让人心生感动。

这是一种典型的怀旧:过去的,是美好的,是难忘的。这则广告显然满足了人们普遍存在的"怀旧"情绪,也激发了人们对童年的怀念。

可见,有时候,广告不是卖产品,而是贩卖"情怀"。

第四节　广告主题与定位

进一步说,广告主题的确立,有些是短期行为,而有些是长期行为。但无论如何,它都不是天马行空的产物,更不是拍脑袋的产物。尤其是对长期投放的广告而言,广告主题的背后是有市场战略和广告策略的规约的。

一、定位理论的基本主张

定位(positioning)是融合了市场学、商标学、心理学、传播学和公共关系学等学科内容,形成的广告创作理论与手段。

定位是美国著名的市场营销和广告专家艾尔·里斯(Al Reis)和杰克·特劳特(Jack Trout)在20世纪70年代初提出来的。他们在《工业市场营销》和《广告时代》上发表了一系列文章,奠定了"定位"理论的基础。他们认为,创作广告的目的,应当是替处在竞争中的产品,梳理一些便于记忆、新颖别致的东西,从而在消费者心中站稳脚跟。所以,对于广告而言,定位就是要确立广告"说什么",一旦确立下来,就要持续强化地传播,从而使消费者在需要这种利益或者需要解决某种困难时,想到广告所推广的产品或品牌。

正因为如此,奥格威有一句名言:任何一个广告都是对品牌的长期投资。也就是说,广告说什么,广告提出什么核心概念,不是随意的,而是受到广告策略规约的,其中最为直接的就是品牌定位;一旦品牌定位确定下来,广告主题也随之而确定。

二、定位理论的经典案例

为了证明定位理论,里斯和特劳特引用了艾维斯的"我们第二,但我们更努力"的案例。当然,这并不是他们的作品,而是威廉·伯恩巴克创作的。

艾维斯(Avis),现在官方中文名称为"安飞士"。20世纪60年代之前,艾维斯在租车行业一直不算出众,甚至一度濒临破产,直到1962年聘任了罗伯特·陶先德(Robert Townsend)担任总裁之后,才稍稍有了转机。[1]

当时,在租车行业中,赫兹是第一位,其资本是艾维斯的五倍,年营业额是其三倍半。对于艾维斯而言,想要直接与赫兹抗衡,几乎是不可能的。

伯恩巴克审时度势,为艾维斯找到了一个巧妙的市场策略,并于1963年为艾维斯做了系列广告。

第一则广告的标题为:"艾维斯在租车业也只是第二位,那为什么要与我们同行?"广告内文这样回应:"我们更加努力,(当你不是最大时,你就必须如此)我们不会提供肮脏的烟盒,或不满的油箱,或用坏的雨刷,或没有清洗的车子,或没气的车胎,或任何像无法调整的座椅、不热的暖气、无法除雾的除雾器等。很明显,我们如此卖力就是力求最好,为了给你提供一部新车,像一部神气活现、马力十足的福特汽车和一个愉快的微笑。……下次我们同行。我们的柜台排队的人比较少(意味着不会让你久候)。"[2]

另外一则广告,则更加直接地宣称:"老二主义,艾维斯的宣言。"广告正文这样写道:"我们在租车业,面对业界巨人只能做个老二。最重要的,我们必须要学会如何生存。在挣扎中我们也学会在这个世界里做个老大和老二有什么基本不同。做老大的态度是:'不要做错事,不要犯错,那就对了。'做老二的态度却是:'做对事情,找寻新方法,比别人更努力。'老二主义是艾维斯的教条,它很管用。艾维斯的顾客租到的车子都是干净、崭新的。雨刷完好,烟盒干

---

[1] 丁俊杰.现代广告通论:对广告运作原理的重新审视[M].北京:中国物价出版社,1997:408-409.

[2] 丁俊杰.现代广告通论:对广告运作原理的重新审视[M].北京:中国物价出版社,1997:409.

净,油箱加满,而且艾维斯各处的服务人员都笑容可掬。结果艾维斯本身就转亏为盈了。艾维斯并没有发明老二主义,任何人都可以采用它。全世界的老二们,奋起吧!"①

艾维斯定位于"老二",并将其作为广告重点诉求的核心概念,表达了"我们是第二,但是我们更努力"的核心主张,也成就了艾维斯市场第二的地位。用今天的话来说,这个叫"跟随"战略。正是这个"跟随"战略,决定了广告主题和广告说什么,即广告表达的核心概念。也就是说,广告说什么,并不是广告人拍脑袋的结果,更不是天马行空的产物,而是由企业的市场战略和广告策略所决定的。

三、几种定位战略方法

在里斯和特劳特的启发下,定位不仅仅成为广告创作理论和手段,而且成为市场战略与广告策略的连接点。因此,有人总结和归纳了诸多可行的定位战略方法。

其一,以产品特征或顾客利益来定位。如小罐茶,通过"小罐茶,大师造",来满足顾客对方便携带的高品质茶叶的需求。(见视频4-18)

视频4-18

其二,以价格—质量关系来定位。如西尔斯总是与家用的、质量上乘的东西联系在一起。

其三,以使用或运用方式来定位。比如啤酒,我们很明显可以区分,有些啤酒不会在一些特定的场合出现,它们可能适合于市井小店、大排档,却不可能出现在酒吧、迪厅。这就是品牌定位的结果。

其四,以产品使用者来定位。如巴士奇啤酒就将使用者定位为酒量比较大的体力劳动者。

其五,以产品种类来定位。如将国酒定位为进口酒的替代品。

---

① 丁俊杰.现代广告通论:对广告运作原理的重新审视[M].北京:中国物价出版社,1997:410.

其六，以文化象征来定位。如万宝路运用了牛仔形象，并成为美国精神的代名词。

其七，以竞争对手来定位。如艾维斯的"第二主义"的案例。

定位与USP一起，成为非常实用的广告主题创作方法，有助于提出广告的核心概念和主张。只不过，USP更加微观，几乎等同于我们所说的核心概念；而定位则相对更加宏观，充分说明了广告核心概念是由市场战略和广告策略所规约的。

小　结　市场战略规约下的广告核心概念

本章我们讨论了广告主题，明确了对广告主题概念的理解，分析了广告主题的结构，并展示了广告主题的几种常见类型，还探讨了广告主题与定位的关系。

所谓广告主题，简单地说，就是广告的中心思想，是广告对某些问题所表达的看法、态度、观点、立场。鉴于广告的篇幅限制，广告主题往往可以提炼成核心概念，并以核心概念而存在。罗瑟·瑞夫斯提出的USP，即独特的销售说辞，实际上是广告主题的另一种表述，更确切地说，是一种广告主题创作的具体方法。

广告主题需要符号来呈现。因此，我们将广告中的符号细分为三类，并具体分析了广告主题的结构，提出单一主题结构和复合主题结构，其中复合主题结构又可以细分为平行结构、补充结构和置换结构三类。

至于广告主题的内容，我们也进行了归纳，认为广告主题主要有三个来源，即与时事话题有关、与产品有关、与情怀有关，这些都是广告主题的重要来源。

但广告主题并不是天马行空的产物，更不是拍脑袋的产物，而是由市场战略和广告策略决定的。而里斯和特劳特提出的"定位"，作为"中介"，它将品牌的核心主张与广告作品的主题连接起来。

定位与USP都是关于广告主题的经典理论和方法,有助于确立广告的核心概念和主张。只不过,USP更加微观,几乎等同于本章所说的核心概念;而定位则相对更加宏观,充分说明了广告主题是被市场战略和广告策略所规约的。(见视频4-19)

视频4-19

第五章　广告怎么说

——广告创意与形象思维

在本章开篇，我们再次引用陶喆《黑色柳丁》专辑中的《今天晚间新闻》。作为专辑中的一首歌，它太另类了，一点都没有歌的模样，既没有旋律，也没有音乐，甚至没有歌唱，而只有新闻片段的拼贴。在前一章，我们已经分析了它的主题，而这一章我们关心的是它的表达方式。这恰恰就是本章要讨论的"创意"问题。

未来学家阿尔文·托夫勒在《第三次浪潮》中曾经预言："资本的时代已过去，创意时代在来临；谁占领了创意的制高点谁就能控制全球！主宰21世纪商业命脉的将是创意！创意！创意！除了创意还是创意！"①（见视频5-1）

视频5-1

除了"广告"一词之外，"创意"大概是广告行业中最受人关注、在社会上影响最大的概念了，以至于广告行业也被理所当然地归属于"创意产业"。

究其原因，是因为广告一直极其重视"创意"。"创意"也使得广告区别于一般的信息传播，成为广告以及广告行业最为重要的价值，从而得到了社会的广泛认同和普遍尊重。

---

① 阿尔文·托夫勒. 第三次浪潮[M]. 黄明坚，译. 北京：中信出版社，2006：11.

因此,本章就来讨论广告创意的定义和本质、广告创意与广告主题的关系,以及广告创意的思维本质与方法等。

第一节 广告创意的定义与本质

长期以来,广告人一直在试图把握和解释创意,但似乎都不愿意真正触及广告创意的实质,而往往都是寥寥数语,以经验的方式来解释,横向上没有扩展,纵向上也没有挖掘。

在此,笔者力图从广告创意的定义入手,来区分广义和狭义的两种理解;并深入其中,探讨广告创意的本质,以帮助大家真正理解广告创意。

一、广告创意的定义

当我们在使用"广告创意"这个概念时,暗含着两种不同层面的理解,一是广义的广告创意;二是狭义的广告创意。

从广义上说,广告创意指对广告战略、策略和广告运作每个环节的创造性构想。

浙江大学李思屈教授在其《广告大创意》一书中曾主张广义的广告创意概念,将广告创意定义为"广告活动中的创造性思维",并据此提出了"大创意"的观点。他所说的"大创意",是"相对于具体广告作品设计中的'小'创意而言的",是有关"整体策划中的创意"。[1]

这个广义的广告创意概念,有点"大而化之",涵盖了整个广告活动或整体策划的全过程,以至于只要是创造性思维,就是广告创意。这种泛化,可能会导致"用创意一词覆盖所有广告活动",反而造成创意概念本身的"空心化",使得创意成为一个非常宽泛而空洞的概念,失去了其本质意义。[2]

---

[1] 李思屈. 广告大创意[M]. 成都:四川人民出版社,1994:48.
[2] 潘向光. 现代广告学[M]. 杭州:杭州大学出版社,1996:171.

因此,也有人坚持使用狭义的广告创意概念。即狭义地说,广告创意是表现广告主题的、能有效与受众沟通的艺术构思。

这个定义具有更强的实践指导意义,它明确了广告创意的三个方面:一是广告创意在本质上是一种艺术构思;二是广告创意的作用是为了表现广告主题;三是广告创意的终极目的是与受众进行有效沟通。

上海师范大学金定海、郑欢两位教授也认同狭义的广告创意概念,并提出从广告的传播沟通本质上来定义广告创意,即"广告创意是为达成传播上的附加值而进行的概念突破和表现创新"[①]。

显然,这个定义也是狭义地理解广告创意,将广告创意理解为本质上就是"概念突破和表现创新",并强调广告创意可以在传播上产生附加值。这既让人耳目一新,也具有很大的实践指导意义。(见视频5-2)

视频5-2

但笔者并不完全认同将"概念突破"纳入"广告创意"。对于概念与创意之间的关系,我们将在本章的第二节进行专门讨论。在笔者看来,"广告创意"本质上是对"概念"的表达所形成的艺术构思。

二、广告创意的过程:转换

广告创意的过程,笔者认为就是"转换"的过程,即将抽象的概念转换为具体的形象,将科学策略与逻辑思维结果转换为艺术感觉与形象。(见视频5-3)

视频5-3

举一个最简单的例子:如何表达快乐这个抽象的概念?大多数人会直接想到笑,包括微笑、哈哈大笑等具体的表情。这当然就是对快乐这个抽象概念的具体表达。只不过,由于概念和形象之间是直接对应的,并且大多数人都可以想到,所以我们认为这种表达方式是缺乏创意的。

---

① 金定海,郑欢. 广告创意学[M]. 北京:高等教育出版社,2008:8.

实际上,在策划和设计广告的过程中,通常会遇到一些没有直接的形象可以对应表达的概念,这个时候就更需要运用创意的思维,寻找某一种形象或感觉以对应这一个概念。

比如功夫牌饮料,它的名字是"功夫",当然它所想表达的核心概念就诉求于"功夫"。那么,它是用什么样的形象来表现"功夫"这个概念的呢?功夫牌饮料广告作品做出了独特的回答:用加固的篮球场、加固的足球场,来表现喝了功夫功能饮料之后,人会变得力大无比。因为球员们喝了功夫牌功能饮料之后,都变得力大无比,所以才必须加固运动设施。(见图5-1、5-2)

图5-1 功夫功能饮料广告(1)	图5-2 功夫功能饮料广告(2)

一般来说,"功夫"这个概念,如果用"功夫"来直接表达,算不上"创意";但换一个方式,用"加固的地基"间接地表达"功夫"概念,就显得妙趣横生,算得上"创意"了。

所以,笔者认为,广告创意过程一点也不神秘,也不复杂,无非就是"转换",即将抽象的概念转换为具体的形象,将科学策略与逻辑思维结果转换为艺术感觉与形象。

又如我们常用的电源转换器,电源转换器只不过是一个小装置,将220伏的家用电压转换成电子设备所需要的低电压。而广告创意的过程,也是一个转换过程,不过是把抽象的概念转换成具体的形象而已。

三、广告创意的本质:形象化

如果确立广告主题是"立意"的话,那么广告创意则是"构思"过程,即思考在准确地表达广告中心思想的基础上,如何"遣词造句",如何"谋篇布局"。

当然,这里的"词句"并不限于语言文字等通用符号,而是"广义的符号",包括之前我们细分过的 I 类通用性符号、II 类叙述性符号、III 类镶嵌性符号。

说白了,广告创意就是要选择各种类型的符号,并对这些符号进行特殊的组合,以表达核心概念,并最终实现与消费者的有效沟通。

换句话说,如果说广告主题的提出是"概念化"过程,那么,广告创意的发想则是"形象化"过程。这里所说的"形象化",当然是广义的,包括"直观化""可视化""故事化""情感化"等。

我们来看看 Tang 果珍《新鲜篇》系列广告。(见图 5-3、5-4、5-5)Tang 果珍是一款冲泡型水果口味饮料,它的广告一直重点诉求"新鲜"概念。"新鲜"是一个为人所熟知的概念,但广告创意其实很难有创新。Tang 果珍这一系列广告巧妙地用"热气",呈现了"新鲜",并通过水果对杯子的置换,进一步表达与水果关联的"新鲜",令人拍案叫绝。当然,更有趣的是,几乎可以用所有水果来

图 5-3　Tang 果珍广告　　图 5-4　Tang 果珍广告　　图片 5-5　Tang 果珍广告
　《新鲜篇》(1)　　　　　　《新鲜篇》(2)　　　　　　《新鲜篇》(3)

置换杯子,使这个创意具有无限的延展性。

形象,其本意是指人物或事物的具象形貌,具有可视、可触、可感的形状。我们来看看,Telfort telephone广告《阻隔篇》,是如何将烦扰人们的"阻隔"表现成具体形象的。(见视频5-4)大家知道,通信不畅通,经常"阻隔"人与人之间的沟通。"阻隔"看起来是一个具象的概念,但深究起来又似乎是一个抽象的概念,其广告创意该从何而来? Telfort telephone另辟蹊径,具象化出一个"猥琐大叔"形象,时刻出现在主角面前。主角无论到哪里,他都跟到哪里,甚至连浴室和卧室也不放过,"阻隔"主角与别人的联系与沟通。这个广告明确地告诉了我们"形象化"是什么意思。

视频 5-4

我们再来看一个案例。(见视频5-5)贷款是大家都熟悉的金融服务。现代社会中,绝大多数人都会用到贷款,尤其是买房这样的大额消费,贷款大概是大多数人不得已而选择的付款方式。但贷款可能带来的"负担"是很多贷款者担心的问题,因而也成了Caja Mortage广告重点诉求的核心概念。如何表达这种"负担"呢? Caja Mortage有自己的办法,它具象化出一位西装革履的银行家模样的人物,无时无刻不扒在贷款者的肩膀上。广告在特写一个可爱的婴儿后,镜头反打过来,出现了开心的父母形象,但他们的肩上趴着银行家,正"贪婪地"盯着孩子。这种"负担"有多可怕? 你自己想想吧! 因此,Caja Mortage提出:"在你决定贷款按揭之前,先给我们打个电话吧!"言下之意,也许你的负担轻多了。果然,广告最后的场景是Caja Mortage的贷款用户终于可以放下背后的银行家,在球场上轻松愉快地打网球。

视频 5-5

基于此,我们再次强调,广告创意的本质,就是寻找到可视、可触、可感的具象形貌,来表现抽象的核心概念。这就是我前面所说的"形象化"。(见视频5-6)

视频 5-6

第二节　广告创意与形象思维

接下来,我们要追问一个问题:广告为什么要通过"形象化"来与消费者沟通呢? 其实,归根结底,这是由人的信息接收特点决定的。大家知道,人类有两种思维类型:一是形象思维,二是抽象思维。而本质上,"形象化"的广告创意必然与形象思维有着密切的关联。因此,我们在这里要谈谈广告创意与形象思维的关系问题。

一、广告创意的形象思维本质

从思维方式的角度来说,广告创意的本质就是"形象思维"。虽然在广告创意的过程中,抽象思维等不同的思维方式都参与其中,但就根本而言,广告创意思维的本质是形象思维。正如金定海、郑欢在《广告创意学》中所明确提出的,"创意从思维方式和思维内容上,都体现出了鲜明的形象性"[①]。

对此,金定海、郑欢进行了较为详细的讨论。他们认为:"深入广告运动的策略环节和创意环节,其思维形态的规则有所不同。应该说在策略层面上,广告倾向于抽象思维;在创意层面上,广告则倾向于形象思维。两者的分别取决于广告在不同阶段的工作性质和工作内容。"[②]

正如前面提到的,思维主要有两种形式:一种是抽象思维,一种是形象思维。所谓抽象思维,是用抽象的方式进行逻辑的推演,并用概念、命题、论断、数字形式进行思维,其特点是抽象性和确定性。所谓形象思维,是相对于抽象思维而言的,是一种通过形象来反映和认识客观世界的思维形式。形象思维的特点,是其具象性和直觉性。形象思维是人的一种本能思维。人一出生就会以形象思维方式来考虑问题、认识世界。

---

① 金定海,郑欢. 广告创意学[M]. 北京:高等教育出版社,2008:52.
② 金定海,郑欢. 广告创意学[M]. 北京:高等教育出版社,2008:52.

相对而言,抽象思维是人类在进化的过程中逐渐发展起来的思维方式,需要人"费劲"地理解,甚至思考,来接收和处理相关信息,因此其行为模式也相对间接,需要投入一定的精力和时间成本。这一点,我们将在下一章"广告中的理性诉求"中来深入阐述。

而形象思维不同,它是第一性的,是动物性的思维方式,是人天然存在、从人类动物阶段所带来的思维类型,可以说是一种本能的认知方式。以颜色为例,在大自然中,一些新鲜的颜色往往具有特殊的意义:或是发出警告,提示危险,动物会自然躲避;或是为了求爱,吸引异性,实现繁殖。可见,形象思维下的行为,几乎是"本能性"的,不用经过复杂的思考过程,就可以快速地理解,并做出快速的反应。甚至有些行为处于"潜意识"层次,连自己都没有"意识"到,就已经接收并理解和处理了相关信息。

因此,色彩、画面甚至音乐等叙述性符号(II类)以及镶嵌性符号(III类)在广告表意过程中具有极其重要的作用。以音乐为例,它会自然唤起听者特定的情绪,影响听者的认知和态度。这也是广告非常注重音乐的使用的根本原因。立邦漆《蒙古篇》是新加坡著名的广告创意人林少芬为立邦创作的广告。(见视频5-7)这则远赴蒙古和新疆拍摄的广告,除了精美的画面之外,不得不说音乐也是成功之处。

视频5-7

林少芬特别强调音乐对广告的重要性。从小就习琴的她,涉猎了各种音乐类型,包括古典、流行、爵士、民谣等。作为广告创意人,她还收集了15000多首音乐,作为广告创作的资源库。在广告中,她经常使用各种类型的音乐,并以音乐为主体来创作广告,这使得她的广告作品总是独树一帜。

Longer Lasting Lipsticks《洗车篇》也是经典案例。(见视频5-8)整个广告中,只出现了几个文字。场景也非常单一,就是在自动洗车场。男子满面春风地开车进来,洗了一轮又一轮,最后情绪崩溃。原来,无论怎么洗,车身上的字BASTARD(杂种)就是没法洗掉。也许大家初看时,不知所云,像谜一样;但

视频5-8

广告最后的标板出现的几个字,具有"谜底"的功能。原来,广告产品就是"持

久口红"(Longer Lasting Lipsticks),不容易掉色;用它写的字,当然也不那么容易洗干净！故事虽然没有具体交代前因后果,但大家可以猜测,这位男主角八成是在外面拈花惹草,得罪了别人,否则怎么会被人如此咒骂;而且八成是要回家,如果被老婆见了,估计是一场"悲剧"。为什么会如此猜测？除了男主角的表演之外,很重要的是背景音乐的"表意"功能。音乐分为两段,前一段唱到"她爱我呀,我爱她;她吻我呀,我吻她"(She loves me and I love her, she kisses me and I kiss her),音乐的调性也明显是兴奋的;而后一段则是"她恨我呀,我恨她;她伤害我呀,我伤害她"(She hates me and I hate her, she hurts me and I hurt her),音乐从之前的兴奋愉悦,变成了哀怨、无奈、惆怅。即使大家没有听清楚歌词也没关系,音乐的旋律作为"底色",已经提供了暗示,让人感受到了情绪的显著变化。

可以说,对于广告创意而言,形象思维具有特殊的意义:一方面,受众在接受广告创意时,会本能地通过形象思维来理解广告创意所传递的讯息;另一方面,作为广告创意的生产者,广告创意人也必然需要具有强大的形象思维能力。

我们再来看几则士力架的广告案例。(见视频5-9、5-10、5-11、5-12、5-13)士力架一直在抓"饿"这个概念,因为其产品具有高能量的特点,今天的消费者未必会把它当作健康食品,但也正因为这个特点,士力架在特殊的条件下具有特殊的功能,即快速补充能量。正如士力架广告口号,"士力架,横扫饥饿"。那么,士力架是如何让饥饿"形象化"的呢？士力架选取了几个典型人物,他们或是文学影视中的人物形象(如林黛玉、唐僧、韩剧女主角),或者是影视和体育明星(如玛丽莲·梦露、憨豆先生、姚明等),以"饿货,一饿就手软脚软"为出发点,展现了因为"饿"而出现的各种"尴"事,让人觉得饶有趣味,印象深刻。

视频5-9　　视频5-10　　视频5-11　　视频5-12　　视频5-13

二、广告创意与"诗性"

著名的美学家朱光潜先生曾经说过："'诗'字在古希腊文中的意思是'制作'。所以凡是制作或创作出来的东西都可以称为诗,无论是文学,是图画或是其他艺术。"①

按照广告大师威廉·伯恩巴克的说法,"广告巨人大多是诗人,他们依据产品资料,跳进无限的创意和幻想领域之中,因为只有意念、崭新的才干和经营手法,才可在今天暴力和花边新闻过盛的社会里,争夺到消费者的注意力。"②

"诗性"一词最早是由维柯提出来的,他在《新科学》中提出了"诗性的伦理""诗性的政治""诗性的经济""诗性的逻辑"等概念。

所谓诗性,用别林斯基的话来说就是,"诗的本质就在于给不具形的思想以生动的、感性的、美丽的形象"③。他还指出,"诗人用形象来思考,他们不证明真理,却显示真理"④。

用金定海、郑欢的话来表述就是,"创意人的职能与诗人相近:于虚无中造形,于想象中写真"⑤。

我们再引用几则林少芬的作品。(见视频5-14)中国银行形象广告《高山篇》《竹林篇》《麦田篇》《河流篇》均创作于1996年,据说前后拍了八个月之久。广告中,无论是文字、音乐,还是画面、镜头,都具有诗性。这种诗性,不仅生动、感性、美丽,而且还蕴含哲理,体现了中国人的智慧和精神,可谓"于虚无中造形,于想象中写真"。这种诗性广告创意方法,启发了后来者,这一系列广告也被公认为中国十大经典广告之一。

视频5-14

---

① 朱光潜. 诗论[M]. 上海:上海古籍出版社,2005:79.

② 佚名. 广告智慧:超时空的经典格言[EB/OL]. http://www.chinaadren.com/html/file/2005-3-4/2005342341082845.html,2001-03-28.

③ 列林斯基. 别林斯基论文学[M]. 梁真,译. 上海:上海新文艺出版社,1958:11.

④ 别林斯基. 一八四七年俄国文学一瞥[M].转引自胡经之. 西方文艺理论名著教程(第二版)》(上卷)[M]. 北京:北京大学出版社,2003:263.

⑤ 金定海,郑欢. 广告创意学[M]. 北京:高等教育出版社,2008:52.

其实,诗性是人类的一种存在方式,也是人类最原始的思维。这种思维方式不是纯理论的概念思考,而是需要创作主体全身心地浸润其中,是一种直觉性的、顿悟式的,并具有某些神秘色彩的思维方式。

诗性思维的基本特点是直观性、灵活性、想象性。所谓直观性,是诗性思维的外显方式,其创作的要素是图形、图像、声音、色彩等形象性的符号,其功能在于让人感觉感知,并生成形象感;所谓灵活性,是诗性思维的运思特点,其思维的发散往往不受逻辑的规约,一任创作意识自由流动跳跃,从中获得灵感;所谓想象性,是诗性思维的本体内涵,也是诗性存在的前提。想象性赋予精神活动以创造的自由。

想象过程总是与直觉、梦、幻想、联想等形式结合在一起,是人们对记忆表象进行综合、加工,从而形成新的表象的心理过程。想象作为一种人的精神活动,主要是一种先于抽象概念的感觉活动和自由意识,它具有超越已知、探索未知的力量,并将感性融于形象整体,使概念借助于形象得以表现。

三、广告创意与直觉、灵感、顿悟

正是因为广告创意的本质是形象思维,所以它常常表现为直觉、灵感、顿悟的产物。

直觉,是人的一种心理活动和认识能力。凡无须经过逻辑推理而能直接获得某种知识和观点的能力,一般称为直觉。直觉是在以实践为基础的认识活动中产生的,也是在一定的知识经验基础上形成的。

直觉是非逻辑的,它不像归纳和演绎那样,遵循一定的规则和程序。直觉具有偶然性和突发性,即它的产生是不可预料的、突然爆发的。所以直觉经常是来无影去无踪的,仿佛是一个不可捉摸的"神物"。

广告创意也经常是这种"神物"。著名的广告大师韦伯·扬就描述过自己做创意时的玄奥状态:"突然间会出现创意。它会在你最不希望它出现的时机出现,当你刮胡子的时候,或者沐浴时,或者在清晨半醒半睡的状态中,也许它会在夜半时刻,把你唤醒。"①

直觉的这种神秘主义的特点,让我们很难对它进行理性地认识。但是,依然有人总结了它产生的条件②。

其一,对涉及某一问题的感性材料和已有知识的搜集、整理,并在此基础上的长期冥思苦想,是产生直觉的必要条件。如,达尔文和华莱士关于"适者生存"的直觉,是他们对各种生物进行长期观察、实验、分析、比较得到的结果。③

其二,直觉最容易在研究过程中断、进入休息状态时出现。如,阿基米德在沐浴时,发现了浮力定律;笛卡儿在夜里睡觉时,突然想到解析几何的基本原理。因此,有些休息方式常常被认为更容易产生直觉,包括乡间散步、躺在床上休息或睡觉、沐浴、剃须、听音乐等,有意地选择某些休息环境和休息方式,可以促进直觉的出现。④

其三,直觉的产生还有赖于一定的诱发物。这些诱发物并不是人们有意安排的,而是在日常生活里偶然碰到的。如透明星鱼幼虫中游走的细胞,对于梅契尼夫,就属于产生直觉的诱发物。⑤

其四,直觉的产生离不开丰富的想象力。如果没有想象力,即使诱发物存在,甚至碰到了鼻尖,也不会产生直觉。⑥

灵感、顿悟与直觉,既有相似之处,也有不同之处。其中,快速性、非意志性、创造性是灵感、顿悟与直觉的相同之处。不同之处在于,灵感在于发现和情感,强调状态;顿悟,具有延时性、突发性和偶然性,强调结果;而直觉在于判断和坚信,强调作用。⑦

灵感或顿悟虽略有区别,但它们在创造性思维和创造性活动中的表现形式和作用则基本相同。心理学家认为,灵感或顿悟都是科学家和艺术家在创

---

① 詹姆斯·韦伯·扬. 产生创意的方法[M]. 北京:中国友谊出版公司,1991:240.
② 毛建儒. 简论直觉[J]. 理论探索,1991(1):44-45.
③ 毛建儒. 简论直觉[J]. 理论探索,1991(1):44-45.
④ 毛建儒. 简论直觉[J]. 理论探索,1991(1):44-45.
⑤ 毛建儒. 简论直觉[J]. 理论探索,1991(1):44-45.
⑥ 毛建儒. 简论直觉[J]. 理论探索,1991(1):44-45.
⑦ 陈甲标. 灵感直觉异同论[J]. 湖南社会科学,1991(5):78-81.

作过程达到高潮阶段出现的一种最富有创造性的思维状态。在这样的状态中,科学家会突然有重大科学发现,文学家会突然构思出绝妙的艺术情节和动人的辞章、诗句。所以,灵感或顿悟状态是创造性思维的一个典型特征。处在灵感或顿悟状态的时候,创造者最富有创造力。①

广告创意,经常表现为灵感和顿悟的成果。我们还是以林少芬的经典广告作品为例:《心有多大,舞台就有多大》是林少芬为中央电视台创作的一则广告。(见视频5-15)对于这则广告,林少芬是这样回忆它的创作过程的:

视频5-15

"中央台找我的时候,表示中国加入世界贸易组织后将越来越开放,因此希望中国人能把心和眼光放得更远,借中央台这个平台让中国认识世界,也让世界借中央台认识中国。我想到,这时候最重要的是中国人心里要准备好,于是通过舞蹈带出,心有多大,舞台就有多大。"②

对于这则广告,大家印象深刻的除了穿着红棉袄跳舞的少女之外,应该是"心有多大,舞台就有多大"这一句话。区区十个字,所发挥的力量却很大。那么,这句话是从何而来的呢?林少芬的回忆,几乎是给"灵感"做了最完美的注解:

"我拍中国银行广告时,跑到青海、西藏,山高路远,人有三急,在荒山野岭找到一个藏民,急忙问她,同志同志,厕所在哪里?她看我一眼回说,西藏有多大,厕所就有多大。哈哈!七八年后,这句话就成了我的广告台词。什么叫灵感?灵感就是把生活中的点点滴滴记录下来。"③

第三节　广告创意与广告主题的关系

讨论了广告创意的定义与本质,以及广告创意与形象思维之间的关系,尤

① 张浩.直觉、灵感或顿悟与创造性思维[J].重庆社会科学,2010(5):84-89.
② 联合早报.广告人林少芬:我是很铜臭味的[EB/OL].http://blog.sina.com.cn/s/blog_52fa894d01009fpw.html,2008-05-30.
③ 联合早报.广告人林少芬:我是很铜臭味的[EB/OL].http://blog.sina.com.cn/s/blog_52fa894d01009fpw.html,2008-05-30.

其是讨论了广告创意中的灵感、顿悟、直觉等问题之后，我们还需要再回过头来"纠偏"一下。千万不要以为，灵感、顿悟、直觉等是广告创意的使命，广告创意的真正使命是表现广告主题，并服务于广告主题。

一、主题与创意的闭环

无论广告创意看起来多么富有诗意，多么需要想象力，多么需要灵感和顿悟以及直觉，广告创意都离不开广告主题的规约。用林少芬的话来说："我从来不会幻想或奢望拍艺术片，我们完全是商业的，只不过希望能在商业的元素里加一点艺术感觉。"①

广告就是戴着镣铐的舞蹈。我们前面一章已经讨论了，广告主题被市场战略和广告策略所规约。也就是说，企业或品牌所确定的市场战略和广告策略，在一定程度上决定了广告"说什么"。

尽管表面上，广告想说什么，就可以说什么；但广告作为一种营销工具，是为企业市场战略服务的。因此，广告"说什么"其实有一定的必然性。

前一章我们还举了芬必得的例子，探讨了芬必得的广告为什么要说"信任"。究其原因，是芬必得作为"止痛"市场的领导者，率先触及了这个市场的"天花板"。对于"止痛"市场而言，最难啃的硬骨头是那些有较强的"止痛"需求，却因为担心止痛药副作用而心生犹豫甚至是怀疑的客户。不解决这个问题，芬必得就没有进一步打开市场的可能。也正是出于这个原因，芬必得才需要用广告来诉求"信任"，力图在坚持"快速止痛"的同时，建立消费者对芬必得的"信任"。

也就是说，广告主题的任务，是基于理性分析和判断，归纳和提炼出核心概念。而被归纳和提炼出的核心概念，则成为广告创意的命题或者说起点。广告创意就是要对核心概念进行发散性的表达，并始终围绕主题的核心概念来展开，决不允许有根本性的偏离，并要求创意表现中所使用的每一个元素、

---

① 联合早报. 广告人林少芬：我是很铜臭味的［EB/OL］. http://blog.sina.com.cn/s/blog_
52fa894d01009fpw.html，2008-05-30.

每一个符号,一个不多、一个也不少,都是为了更好地表达广告主题。

可见,广告创意与广告主题之间,必须形成闭环关系。即,从广告主题到广告创意,再从广告创意到广告主题的闭环。我们再次回顾士力架广告,就可以清楚地看到这种闭环。从"饿货"这个概念出发,广告创意发散出许多具体的饥饿场景,并运用了几个经典的影视人物来呈现,而士力架总是扮演类似于超人的角色,拯救处于饥饿之中的各种"饿货"。因此每次结局都是完美的,即"士力架,横扫饥饿""士力架,真来劲!"。(见视频 5-16)

视频 5-16

正如笔者一直强调的,广告创意其实不是天马行空的产物。虽然它表面上看起来有点任性,有点爱幻想,经常玩点温馨、浪漫、幽默、悬念、惊险等"小花样",但它本质上是个"乖孩子",永远记得自己的责任和使命。

表达广告主题,永远是广告创意的使命,也是广告创意存在的价值。我们在评价广告创意时曾经说过,最经典的 ROI(以及 ROIT)模型,都将"相关性"放在首位。(见视频 5-17)

视频 5-17

毫无疑问,不能准确地表达核心概念的广告创意,无论有多伟大,有多奇特,都是不合格的。

二、形象与概念的距离

众所周知,用形象来表达概念,如果只是准确,那肯定是不够的。如果只求准确,那大可不必做广告,只需要做一份说明书就可以了。

对于说明书,大家一定不会陌生。看一看药品说明书,尤其是那些处方药的说明书,绝对详细、精确。在准确性方面,药品说明书大概是典范了吧!

而广告显然不是说明书,也不应该是说明书。广告创意所追求的,除了表达的准确性之外,还有表达的"原创性""冲击力""延展性"。这也可以说是广告人的职业追求。

那么,如何实现这种职业追求呢?在笔者看来,创造形象与概念之间的距离,是实现这种追求的有效方法。具体而言,形象与概念之间的距离,笔者认为至少有三种类型。

其一,形象与概念的重合关系,即用 A 形象解释 A 概念。可以说,这是形象对概念的直观解释。该形象就是该概念的直接对应物,形象与概念之间基本上是重合关系。

飞科剃须刀《三大功能篇》广告,就是非常典型的案例。(见视频 5-18)广告中所提出的核心概念是飞科的三个功能特点,而广告创意(暂时不论创意度的高低)就是对这三个功能特点的解释。这三个特点分别是全方位浮动剃须、三面弧面刀网,以及全身水洗。

📹 视频 5-18

这则广告所使用的形象(影像),与其所要表述的三个概念之间,完全是直接对应关系。其实,这种广告就是"展示片",或者又称为"宣传片",常常不被纳入创意广告的范畴。

其二,形象与概念的位移关系,即用 A+形象或 A-形象表达 A 概念,是对概念对应的形象做了一些"位移",或者是使用了一些修辞方法,从而获得了形象与概念之间的距离。

支付宝是国内知名的第三方支付平台,致力于提供"简单、安全、快捷"的支付方式。从 2004 年建立开始,支付宝始终以"信任"作为产品和服务的核心,不仅自身成长为全世界最大的移动支付商,而且彻底地改变了人们的支付方式和生活方式。

因此,支付宝一直特别强调"信任"这个核心概念,从早年的《棒棒篇》《啤酒哥篇》,到现在的《钥匙阿姨篇》,"信任"始终没有改变。(见视频 5-19)"支付宝,知托付!"支付宝就如同广告中的钥匙阿姨一样,受大家的信任,也令大家感动。

📹 视频 5-19

当然,你会发现,严格地说,将钥匙交给"钥匙阿姨",与将钱交给支付宝,并不能画等号,但是,其"信任"的内核是一样。只不过,广告创意故意做了一定的偏移,采用了类比的修辞方法,让大家确信,支付宝就像钥匙阿姨一样,值得信任。

其三,形象与概念的转移关系,即用 B 阐释 A,也就是放弃概念对应或相关的形象,通过"偷梁换柱",挪用其他形象来表达原概念,形成形象与概念之间较远的距离关系。

我们还是以支付宝广告为例,其《功夫篇》(见视频5-20)与之前的广告相比,明显有了变化。经过十五年的市场培育,人们已经广泛地接受了移动支付这种形式,以至于很多人经常是身上一文不名,全靠手机走天下。

视频 5-20

也就是说,"信任"不再是移动支付遭遇的最大困难,因此支付宝开始转而诉求"便利"。这种"便利"的价值在于,可以让人们省去很多时间和精力,甚至可以让年轻人有更多时间耍酷。

正是在这样的市场洞察下,支付宝创作了这则"省下工夫玩功夫"的广告。其实,仔细推敲起来,这则广告的逻辑是有问题的。诚然,刷支付宝确实方便了很多,也省了很多工夫,但为什么省下工夫一定要"耍功夫"呢?

这恰恰就是广告创意的秘密。通过这种"偷梁换柱""移花接木"等手段,形象与概念之间拉开了距离,给广告创意提供了可以伸展的空间。这是很多优秀广告创意成功的诀窍。

三、形象与概念的张力

形象与概念之间的距离,是广告创意必须认真处理的问题,既不能太近,又不能太远。用学术的话语来说,就是要保持形象与概念之间的张力。

一方面,形象与概念之间的距离太近,其张力过小,局限了创意空间,广告会缺少艺术含量和智慧趣味,类似于说明书、宣传片。当然,这样的广告可以获得一种平实、朴素之感,但毫无趣味,味同嚼蜡。广告大师李奥·贝纳说过:"有趣却毫无销售力的广告,只是在原地踏步;但是有销售力却无趣的广告,令人憎恶。"奥格威也说过:"让人觉得无聊的广告,不如不广告。"

另一方面,形象与概念之间的距离过大,可能造成形象与概念之间无法闭合,或者因为广告解释太过牵强而造成传播的"断裂"。对于那些形象与概念相对较远的创意而言,广告中的巧妙链接以及持续性的传播,可以防止形象与概念之间出现断裂。我们在上一章引用过五粮液的广告《陈氏秘方》,那则广告是从五粮液的历史中做文章,挖掘了五粮液的"配方"这个核心概念,来表现五粮液悠久的历史与文化。这里我们再来看一则五粮液广告《神奇的酒杯》。(见视频5-21)这则广告重点是想表现五粮液酒厂所具有的地理环境的优越性。为了表达地理优越性,广告创造了一个"酒杯"形象。按照广告所说,五粮液酒厂位于川黔两省交界处,这里聚集着数百家名优白酒企业,形成了一

视频5-21

个巨大的酒杯,而五粮液正在酒杯的正中央。也许对于有些人来说,这个"酒杯"确实是神奇的;但对于另外一些人,这个"酒杯"可能就有点"扯"。如果真是后者,那么"酒杯"的形象,就未能与"地理环境优越性"的概念形成闭合,进而影响该广告的传播效果。当然,这则广告依然有可圈可点的地方。"酒杯"形象只是广告的由头,快速地切入广告所要重点表述的地理环境之中,因此也算是成功的广告。

　　总的来说,形象与概念之间的距离,既不能太近,又不能太远。这是广告创意必须妥善处理的问题。唯如此,才能既出人意料、妙趣横生,又合情合理、能够理解。

小　结　戴着镣铐舞蹈的广告创意

　　这一章,我们讨论了广告创意的定义,讨论了广告创意与形象思维之间的关系,并进一步讨论了广告创意与广告主题的关系,对广告创意有了较为深入的理解。

　　当我们在使用"广告创意"这个概念时,实际上有两种不同层面的理解:一是广义的广告创意概念;二是狭义的广告创意概念。从广义上说,广告创意指对广告战略、策略和广告运作每个环节的创造性构想。从狭义上说,广告创意是表现广告主题的、能有效与受众沟通的艺术构思。这里所说的"广告创意",当然是指狭义的概念。

　　广告创意的过程,就是"转换"的过程,即将抽象的概念转换为具体的形象,将科学策略与逻辑思维结果转换为艺术感觉与形象。广告主题的提出是

"概念化"过程,而广告创意的发想则是"形象化"过程。

虽然抽象思维等不同思维方式,必然参与了广告创意过程,但就其本质而言,广告创意思维是形象思维,是诗性思维。

所谓诗性,用别林斯基的话来说就是,"诗的本质就在于给不具形的思想以生动的、感性的、美丽的形象"。诗性是人类的一种存在方式,也是人类最原始的思维。诗性思维的基本特点是直观性、灵活性、想象性。

正是因为广告创意本质是形象思维,所以其常常表现为直觉、灵感、顿悟等的产物。不过,无论广告创意看起来多么富有诗意,多么需要想象力,它都离不开广告主题的规约。

广告创意与广告主题之间,也就是形象与概念之间,存在三种距离关系,即重合、位移、转移。广告创意与广告主题之间的距离,既不能太近,又不能太远,应该保持一定的张力。

总之,广告创意看起来天马行空、脑洞大开,其实它不过是为表现广告主题服务的,它受到广告主题的直接规约。因此,广告创意也常被称为戴着镣铐的舞蹈。

第六章　广告讲道理，还是说故事？

——广告的理性诉求和感性诉求

李奥·贝纳广告公司美国地区总裁兼创意总监泰德·贝尔（Ted Bell）曾经说过，"你必须在情感上吸引人，必须为他们提供信息，并使他们以一种新的方式看待你所说的东西"。

在贝尔看来，广告的目的不是炫耀你有多机智，多聪明，而是用能引起受众注意、合情合理，并且能够帮助销售的方式传播产品和服务所具有的优点，给受众一个消费理由。

贝尔的观点很有代表性，但他的观点暗含着一对矛盾：一方面，广告应该在情感上吸引人；另一方面，广告要为消费者提供"信息"，"传播产品和服务所具有的优点，给受众一个消费理由"。也就是说，广告既要"合情"，又要"合理"。（见视频6-1）

视频6-1

看来，这是值得我们认真探讨的问题：广告究竟是要晓之以理，还是要动之以情，抑或是既要"合情"又要"合理"呢？这正是本章要讨论的话题。

第一节 态度心理与说服路径

广告作为一种传播,虽然借助了艺术的手段和形式,但终极目标始终是销售,是说服,是态度的形成、维持或改变,也就是推动消费者形成对企业或品牌(以及产品)有利的态度和行为。因此,有必要从态度心理和说服路径入手,来研究广告是如何进行说服的。

一、态度心理结构和特点

"态度"这个概念早在 1862 年被斯宾塞和贝因提出时,还只是"一种先有主见",是一种"心理准备",即"把判断和思考引导到一定方向的先有观念和倾向"。

克瑞奇(Krech)于 1948 提出,态度是个体对自己所生活世界中某些现象的动机过程、情感过程、知觉过程的持久组织。他强调当下的主观经验,把人当成会思考并主动将事物加以建构的个体。这种观点显然是在认知心理学兴起之后出现的,反映了认知派核心观点的理论主张。

现在我们通常将态度定义为个体对特定对象(人、观念、情感或者事件等)所持有的稳定的心理倾向。这种心理倾向蕴含着个体的主观评价以及由此产生的行为倾向性。

更为重要的是,态度被认为是有心理结构的,包括三个方面的因素:其一,认知因素。认知因素就是指个人对态度对象带有评价意义的叙述。叙述的内容包括个人对态度对象的认识、理解、相信、怀疑以及赞成或反对等。其二,情感因素。情感因素就是指个人对态度对象的情感体验,如尊敬—蔑视、同情—冷漠、喜欢—厌恶等。其三,意向因素。意向因素就是指个人对态度对象的反应倾向或行为的准备状态,也就是个体准备对态度对象做出何种反应。

态度的心理结构呈现出来的规律,是广告可以加以充分利用的。一方面,态度具有协调性,即认知、情感、意向三个成分之间通常是相互协调的。当你了解一个品牌、熟悉一个品牌、喜欢一个品牌,同时你也倾向于购买这个品牌,那么这种对品牌的态度是协调的,这是较为常见的态度心理。

但是,态度的三个成分之间,也会出现失调或者说失衡的情况。这时往往遵循"费力最小原则",即个体尽可能少地改变情感因素而维持态度平衡。比如,当你喜欢的品牌曝出产品或服务方面的负面新闻时,这时的认知与情感之间出现了不协调,你往往不会轻易地改变情感因素,而会忽视或者淡化这些负面新闻,从而维持态度结构的平衡状态。

另一方面,态度具有稳定性。态度是在需要的基础上,经过长期的感知和情感体验而形成的,其中情感的成分占有重要位置,并起到强有力的作用。它使得一个人的态度往往带有强烈的情感色彩,并具有稳定性和持久性。

还是以前面的案例来说明,即使品牌频频曝出产品或服务方面的负面新闻,你作为该品牌的忠实"粉丝",是不会轻易改变自己对该品牌的喜爱乃至偏好的。你甚至不惜忽视或者淡化这些负面新闻,来维持原有的态度,在一定程度上就是因为情感因素在态度心理结构中具有决定性影响。

当然,态度虽然具有稳定性,但并不意味着态度永不改变。当认知与情感之间的矛盾积累到一定程度时,认知因素也可能造成情感因素的改变,推动态度的改变,从而进入新一轮的稳定状态。

还是以你喜欢的品牌为例,当你不断收到该品牌的负面新闻时,特别是当你自己去购买或消费时体验感也非常糟糕时,你可能真的会放弃喜欢这个品牌。在这以后,你可能怎么看这个品牌,都觉得不顺眼。

二、态度改变的精细加工模型(ELM)

正如前面所说,态度具有稳定性特点,但也不是不可以改变的。如何改变态度,恰恰是说服研究的核心问题。围绕这一问题,说服研究形成了非常丰富的成果。其中,最具代表性的就是ELM模型。

ELM,即 Elaboration Likelihood Model,一般译为"精细加工模型",也译为"详尽可能性模式",是由著名的社会心理学家佩蒂和卡西奥普(Petty ＆

Cacioppo)提出的。这个模型整合了说服研究中相互矛盾的结论和理论,是在综合考虑多种变量的基础上,提出的一个建构、分类、理解说服的普适性框架。

精细加工模型假设,每一个人都希望持有正确的态度,但并不是每一个人都会为了这个目的而对接收到的信息进行精细加工(elaboration)。所谓精细加工,指的是一个人对一条讯息里所包含的与话题相关的论据的思考程度。事实上,每个人只拥有有限的信息处理时间和能力,因此不可能对他们接收到的每条讯息都进行仔细推敲。

基于此,该模型认为,说服引发的态度改变一般经过两条路径:第一条路径称为中枢路径(central route),这类说服是信息接收者对所接收的关键或核心信息进行精细加工的结果;第二条路径称为边缘路径(peripheral route),这类说服是信息接收者并没有仔细思考信息内容,而是被说服情境中存在的某些简单线索(如有吸引力的信源)引发了态度的改变。

精细加工的数量和实质,因个体和情境的因素而变化。当精细加工的可能性高时,人们就会仔细推敲信息里的论据是否合理。精细加工的程度是由个人评价信息的动机和能力决定的。当然,当情境中没有任何线索,也不存在相关论据时,即使缺乏对信息的精细加工,个体的态度也可能发生变化。如经典条件反射理论和纯暴露理论,就很好地解释了这种情境。

我们引入了态度心理理论,尤其是精细加工模型,基本目的就是搭建起一个理论框架。对说服而言,“理性”说服和“感性”说服构成了两种基本方法。这自然也成为广告的两种基本诉求方式。

三、人类认识世界的两种方式

感性方式和理性方式,不仅仅是两种说服方式,而且也是人类认识世界的两种基本方式。

具体来说,一种是具体思维(又可以称为广义的形象思维),即从具体的细节中找出情节,联系事件的前因后果。这是人类与生俱来的思维方式。

另一种是抽象思维,即找出共同规律,寻找真理。这种思维是人类进化过程中培养起来的。

　　无论如何,人类运用这两种方式来处理从经验世界中获得的材料,以形成贯通性的理解,否则人类的经验就会散落成碎片,无法记忆存储,也无法传达给他人,人类的生存就会落入空无、堕入荒谬。

　　其实,这两种思维方式并没有优劣之分,它们对人类认识世界都发挥着重要的作用。在许多情况下,这两种思维方式是互补的。

　　美国教育心理学家杰罗姆·布鲁纳将人类的思维方式概括为论辩式和叙述式两种。显然,论辩式的思维方式就是指理性思维,是以"讲道理"的方式而存在;叙述式的思维方式,则是指感性思维,表现为"说故事"。

　　法国当代哲学家让-弗朗索瓦·利奥塔也有类似的观点,他认为人类的知识分为两种,除了"科技知识",就是"叙述知识"。在他看来,所有的人文社科知识,本质上都是叙述性的,都是说故事。

　　著名的广告大师伯恩巴克也有类似的表达,"关于创意沟通,你可以采取两种态度:一种是冷静的推理;一种是温暖的人性"。这里所说的"冷静的推理",显然对应理性诉求,而"温暖的人性"则对应感性诉求。

　　也就是说,广告也应该用两条腿走路,一条腿"讲道理",另一条腿则"说故事"。

第二节　广告理性诉求与"讲道理"

　　所谓理性诉求,即以科学、客观的语言,介绍产品的性能、功效等特点,或言明带给消费者的利益,通过"讲道理",推动人们用理性权衡利弊,力图促使消费者产生购买等行为。简单地说,理性诉求就是要"讲道理"。

　　当然,我们要声明一点,广告始终离不开创意,离不开艺术表现,因此这里所说的理性诉求,与严格意义上的"理性"原则存在一定的距离,只能算是偏"理性"罢了。在笔者看来,广告主要有三种"讲道理"的方式。

一、阐述事实

阐述事实是最常见的理性诉求方法。具体而言,阐述事实又可以细分为以下三小类。

其一,直接陈述。

所谓直接陈述,就是直接说明产品或服务的特点和功效,通过描述向诉求对象阐述产品的种种特性。

以农夫山泉广告《广东万绿湖篇》为例,农夫山泉与普通的纯净水不同,其水源地是至关重要的。农夫山泉起家于千岛湖,千岛湖的水质成就了"农夫山泉,有点甜"的定位。但随着市场的发展,农夫山泉必须寻找新的水源,并将其布局在全国,在保证水质安全的同时,减少产品的运输成本(运输成本在瓶装水的成本中占比较大)。这则广告,实际上是农夫山泉在建好几大水源地之后,对公众的宣告。它采取了直接陈述的方式,以确保"每一滴农夫山泉都有优质的水源"。(见视频6-2)

视频6-2

其二,引用数据。

引用数据,可以让消费者对产品和服务形成具体的、量化的认知。翔实的数据常常比空洞的、概念化的陈述更有力量。

为了强调自己是山泉水,更有利于健康,农夫山泉广告《pH值篇》重点诉求了其pH值为7.3 ± 0.5。笔者无意卷入对广告科学性的争论,但至少在观众看来,这个pH数字让人感觉客观、科学,也令人信服。正如农夫山泉所称,"好水喝出健康来"。(见视频6-3)

视频6-3

如今,人体酸碱理论虽然被曝光为虚假理论,但人们在观念中依然很难改变对酸碱平衡的认识。

其三,利用图表。

利用图表,可以让数字结构化,从而使得数字一目了然,便于消费者理解和记忆。

二、功效展示

功效展示是另一种理性诉求的常见方式。具体而言,功效展示也可以细分为以下三小类。

其一,功能示范。

功能示范,是指将画面的演示与文案的说明相结合,直观地展示产品的功能与效果。

我们来看看 iPhone 6 广告《岂止于大》:iPhone 作为手机市场的领导者,其广告无须过多地修饰自己,只要展示自己所具有的强大功能即可。当然,这里的重点是 iPhone 6 对前面几代 iPhone 最大的变革,即"大"。但 iPhone 6 并不只是停留在"大"之上,而是表现"大"带来的不同。(见视频 6-4)

视频 6-4

其二,解释原因。

解释原因,即解释此产品会带来好的效果的原因,是配方的改变、设计的改变,还是添加了新的成分。在广告中对诉求对象有所交代,既可以增加他们对产品的信心,也可以借此区别于其他的同类产品,展示出其独一无二的特性。

乐视 TV 超级电视 S40Air/S50Air 广告《产品功能篇》就属于解释原因这一类。广告详细地展示了该产品的技术及性能特点,包括 5.9 毫米极窄边框、世界顶尖厂商 LGD/InnoLux 屏幕、178°超广视角、1920×1080 超高分辨率、Dolby+DTS 专业音效处理器、MStar 6A918 最专业的智能处理芯片、1.5G 四核 A9 CPU 极速引擎、Mali450P4 四核 CPU 图像炫染神器、2G 内存+12G 闪存,以及可容纳 10 万多集电视剧、5000 多部电影影视库等。(见视频 6-5)

视频 6-5

对于消费者而言,这些产品技术指标和性能特点,多少有点令人眩晕,但无论是否真正理解这些参数,都多少会被理性说服,并留下 S40Air/S50Air 具有超强性能的总体印象。

其三,类实验验证。

实验验证,是指用实验方法,来展示和证实产品的某些特点或功效。由于实验所具有的"科学性"印象,这种展示方式也显得科学可信。当然,广告中的"实验"算不上严格意义上的科学实验。因此,笔者将其称为"类实验"。

《水仙花篇》是农夫山泉在2000年推出的广告。(见视频6-6)这一年,农夫山泉宣布永久性停产纯净水,其理由是纯净水不含矿物元素,长期饮用不利于身体健康。该广告通过水仙花实验,来证明养在含有矿物元素的天然水中的水仙花,长得比用纯净水培养的更健康。这则广告的目的很明显,即力图通过类实验方法,让自己作为天然水类型,与一般的纯净水或

视频6-6

蒸馏水形成区别,从而在饮用水市场激烈的竞争中获得优势。为了配合该项推广活动,农夫山泉当时还与中国青少年科技辅导员协会联合开展了一项名为"争当小小科学家"的活动,倡议小学生进行天然水、纯净水的生物比较实验,弄明白究竟什么类型的水好。一石激起千层浪。这一系列的活动,在饮用水行业引起了巨大的反响,并遭遇众多纯净水企业的联合抵制和申诉。[1]在此,我们不发表任何看法,只是客观引用这则使用了"实验方法"的广告,来展示这类理性诉求广告的特点。

为了强化天然水的竞争优势,农夫山泉还引入了酸碱平衡理论,并推出了《pH值篇》广告,将pH试纸测试这种操作简单的实验,放置在超市,让消费者在现场见证pH值的呈现,这当然让人觉得非常可信。值得一提的是,2018年11月罗伯特·杨(Robert Young)被美国法院判罚1.05亿美元,他提出的"酸碱体质理论"也被认定为谎言。[2]但是,在消费者的观念中,这种酸碱理论恐怕尚难以在短时间内被清除。

---

① 陈宏伟. 纯水企业到京告状 农夫山泉声称不怕[EB/OL]. https://finance.sina.com.cn/news/2000-06-15/36762.html,2000-06-15.

② 屈畅,李卓雅,施世泉."酸碱体质理论"是科学还是谎言?[EB/OL]. http://health.people.com.cn/n1/2018/1109/c14739-30390474-2.html,2018-11-09.

如今,这种类实验方法已然是牙膏、化妆品等广告常用的表现手法之一,他们共同的特点就是让广告显得更加客观、可信。

三、观点论证

通常而言,广告由于篇幅限制,以及对创意表达的追求,并不擅长严格意义上的"讲道理"。当然,在特定的条件下,广告也会试着"讲道理"。

其一,科学研究和学术会议。

一些专业性较强的产品,比如药品(包括处方药),可以采取举办学术研讨会或资助科学研究等形式,在特定的职业群内部形成影响。

而这种科研和会议,在一定程度上可以起到营销推广的作用。只不过,从形式上来看,这种科研和会议表现出来的公益性、学术性特点,与狭义的广告呈现出巨大的差异,也因此具有更为强大的传播力和影响力。

其二,技术参数展示与比较。

对于一些特定的消费群体,如某类产品的行家级消费者,他们非常关注产品的技术参数和指标,在消费之前就会对产品进行各方面的评估。因此,企业也会主动参与发布产品的技术参数,甚至主动进入一些专业的网络社区,进行技术参数的展示和性价比的比较。这显然也是一种变相的广告,只不过它的形式区别于标准意义上的广告,而且采取了纯理性诉求的形式。(见视频6-7、6-8)

视频6-7

视频6-8

其三,特殊的危机公关广告。

在非常特殊的情况下,企业为了澄清事实、挽回声誉,也会偶尔采用公布研究报告、检测报告等形式,向大众证明自己的产品质量。当然,这种情况是非常罕见的。

如,2013年农夫山泉先后被曝出喝出黑色不明物、棕色漂浮物以及"水源地垃圾围城"等消息。为了自证清白,农夫山泉于当年5月公布了一份由美国国家实验室(National Testing Laboratories Ltd.)出具的检测报告,并以全文刊登这份报告的形式,在各大媒体密集投放近百个整版广告。根据这份检验报告,农夫山泉产品品质全面优于美国FDA瓶装饮用水质量标准,其中32项优于2—10倍、45项优于11—1000倍。(见视频6-9)

对该事件的是非曲折,我们不发表评论。我们提及这份特殊的广告,是为了说明农夫山泉以近百个整版广告来发布一份检测报告,足见其是非常希望用理性的方式,来回应媒介的质疑,以赢得公众的信任。

视频6-9

总的来说,"讲道理"是力图让消费者对广告信息进行理性的深度加工,而推动他们态度的形成或转变,从而达到广告的传播目的。

第三节 广告感性诉求与"说故事"

如前所述,虽然广告可以"讲道理",但并不特别擅长"讲道理"。即使"讲道理",也不完全是纯理性的。像农夫山泉那样整版公布研究报告,实在是不得已而为之的举措,这种情况是少见的。那么,广告擅长什么呢?当然是擅长感性诉求,也就是擅长"说故事"。

可以说,不擅长"讲道理"的广告,却是"说故事"的高手。广告借用文学艺术的手段,讲述与"人"有关的情节,营造一种或温馨、幸福、快乐,或忧虑、焦虑、恐惧的氛围,从而传递产品或服务的相关信息,并推动说服。

对于感性诉求,我们可以这样理解:广告不做功能、价格等理性化指标的介绍和展示,而是把商品的特点、能给消费者提供的利益点,用富有情感的语言、画面、音乐等手段表现出来,诉诸消费者的感觉、知觉、表象等感性认识,从而形成有利于产品或品牌的态度。在此,我们从三个方面来勾勒广告感性诉求的共同特点。

一、说故事

用学术的话语说,"说故事"就是"叙述"。叙述是人与人之间沟通的重要方式之一,故事最能打动人,让人产生共鸣。

我们来看一则乐风汽车广告《情侣篇》。(见视频6-10)乐风是一款紧凑型轿车,其目标消费群体是那些收入并不算太高的年轻人。当然,作为一款合资车品牌,其价格较同级别的国产车还是要贵一些。这则广告选取了一对年轻的情侣,用自行车、摩托车、汽车串联起他们相识、相爱、相守的故事,

视频6-10

让乐风不再只是一款汽车,而成为他们爱情的"见证",也是他们携手打拼后,生活给予他们的"犒赏"。这就是"说故事"的价值,乐风不再只是乐风,而是生活与爱情的"符号",其帮助消费者实现了"增值",也让自身实现了"增值"。

"说故事"是人类类似本能的一种沟通交流的方式,为了论证这个观点,符号学家找到了很多证据。[①]

首先,从人类进化史来说明。在文字还没有出现之前,人与人之间的沟通依赖于说话这种方式,说话就是说故事。而且,为了使一些经验更方便流传,我们的祖先通常会把它编成故事。结绳记事,就已经有了故事的雏形。

其次,是幼儿成长过程的证据。幼儿成长浓缩地重复人类进化的全过程。婴儿在获得语言能力之前,就通过姿势、表情、声音等在与大人的交流中,形成了"类似叙述形式的模式化交流的原始形式"。

再次,心理学研究证据。故事也发生在梦境和幻觉等人类的无意识活动之中。我们经常像体验小型叙述一样经历我们的梦,并且用故事的方式回忆和复述它们。每个人都有做梦的经历,在做梦的时候我们就像在经历一个故事,并且梦醒后我们是通过故事的方式去回忆它的。在我们无意识的梦境里,大多出现的是感性的事情,很少有人会在梦境中进行逻辑推演。

可以说,"说故事"是人生在世的本质特征,是人类最基本的生存方式。换句话说,人不仅是使用符号的动物,而且是用符号来说故事的动物。

萨特说:"人永远是讲故事者。人的生活围绕在他自己的故事和别人的故

---

① 赵毅衡. 广义叙述分类的一个尝试[EB/OL]. http://his.cssn.cn/wx/wx_wyx/201503/t20150303_1530605.shtml,2015-03-03.

事中,他通过故事看待周围发生的一切,他自己过日子像是在讲故事。"①

　　也就是说,"说故事"这样的叙述方式,更加趋向人的本能,更容易被人接受。中央电视台2013年春节推出的公益系列广告《回家》,感动了亿万正在回家、已经回家以及不能回家的中国人。其中,《回家之迟来的新衣篇》将镜头对准了农民工。辛苦了一年之后,他们还想着省点路费,骑着摩托车,结伴而归。于是,出现了一年一次顶着风雪回家的摩托车"大军"。(见视频6-11)《回家之过门的忐忑篇》同样将焦点锁定在最普通的人身上,第一次回家过年的新媳妇,千山万水,千辛万苦,只是为了回家。(见视频6-12)

视频6-11

视频6-12

　　言及此,笔者想起了2008年南方冰灾时发生在广州的一个真实故事。因为铁路停运,几十万想要回家的人滞留广州。《南方周末》记录了广州火车站广场的这样一段场景:贺柳明与同伴组成人墙,极力阻挡着失控人潮的一次次冲击。民工们相信,只要进到车站,就可以回家过年。这信念几乎碾碎了文明社会的所有规则,在凄风冷雨中受困多日的人们快疯掉了。许多人冲着贺柳明他们喊:"你们没有良心!"贺柳明怒了:"回家重要还是生命重要?"人群里竟传来这样的嘶喊:"死也要回家!"②

　　"死也要回家!"这句话也许极端,但道出了"回家"在中国人心目中的分量。回家的理由千万种,但归结起来只有一个字——"情"。没有"回家",哪叫过年? 没有"情",何以为人!

　　抽象的道理谁都懂,但千言万语,也许都难以触及内心;而一旦有了故事,哪怕最平常的故事,也许就可以震撼人心。

① Jean-Paul Sartre. Nausea[M]. New York:Penguin Modem Classics,2007:12. 转引自赵毅衡. 广义叙述分类的一个尝试[EB/OL]. http://his.cssn.cn/wx/wx_wyx/201503/t20150303_1530605.shtml,2015-03-03.
② 关军. 2008年,她说死也要回家[EB/OL]. http://news-163.com/18/1231/19/E4CKRG6800018 7OQ.html,2018-12-31.

二、"人"的卷入

既然是故事，一定会有"人"的卷入。这个"人"，可能是你，可能是我，也可能是他或者她。只要有了"人"，冷冰冰的客观陈述，一下子就变成了有温度的句子。

为了进行区分，我们来看看两个具体的例子：

"昨晚山上云雾缭绕。"

"昨晚我们沿着云雾缭绕的山路，小心翼翼地驱车下山。"

很显然，前者是客观陈述，后者是主观叙述。

客观陈述只是客观地说明了一个事件，没有卷入人物，当然也谈不上感情色彩；而主观叙述涉及了人物，不仅有故事情节，还带有一定的感情色彩。

我们以农夫山泉《一百二十里篇》广告为例。（见视频6-13）同样是诉求于水源地，与前面的理性介绍水源地的广告相比，这则广告有明显的不同，即这则广告有了"人"，活生生的"人"。肖帅是农夫山泉一个普通员工，负责武陵山水质的检测工作。小伙子说着一口贵州普通话，这不仅没有给广告减分，反而令人觉得可爱可信。因为有了这个活生生的"人"，广告就有了"温度"，也就成了故事。

视频6-13

各种"无人物"但有"事件变化"的客观陈述，都算不上故事。比如，实验报告、生理反应、机械说明、化学公式、宇宙演变、生物变化、气象观察记录等，因为没有"人"的卷入都只能算是陈述。

一旦有"人"的卷入，这些就变成了有温度的故事，也就是大家熟悉的"叙述"。"叙述"有一个非常重要的特征，那就是叙述的主体性。也就是说，"说故事"必然有一个"说故事"的主体，所有的情节和故事都围绕着这个主体展开。

进一步说，除了"说故事"的人之外，"听故事"的人也扮演了至关重要的角色。"故事"需要"听故事"的人的理解和重构，才能最终成为"好故事"。

我们再来看看农夫山泉广告《最后一公里·西藏篇》。(见视频6-14)在2013年"标准门事件"过去几年之后,农夫山泉主动在广告中"旧事重提"。这次,为农夫山泉发声的是37岁的尼玛多吉。这位2003年进入农夫山泉工作的藏族大叔,是专门负责布达拉宫、哲蚌寺、大昭寺等地的业务代表。谈到2013年的那次事件,这位粗犷的大汉情不自禁地说:"我二十年来第一次哭。"

视频6-14

笔者认为,很多事情早已远去,即使是在当时,也很难说清是非曲直,但因为有"故事",因为有"人",因为有"温度",因为有"情感",我们会不由自主,听从内心。这个时候,每个观众都是多吉——那位不禁落泪的藏族大叔。这才真正完成了故事的叙述。

三、物的"有灵化"

"说故事"要有"人"的卷入,这里所说的"人"是包括那些"有灵之物"的。也就是说,生物或者无生命的物体,只要"有灵化"了,都可以算是"人"。

所谓物的"有灵化",包含两种类型:一是将物品拟人化,称为"物的人化";二是将物品神话化,称为"物的神话"。

"物的人化"具体而言有三种表现方式。

其一,以物为主角,采取"拟人"的方式来说故事。如,纳爱斯广告《牙齿也恋爱篇》(见图6-1、6-2),对牙齿做了一个小小的造型改变,牙齿不再仅仅是牙齿,而成了活生生的"人",有了人的"灵性"。

其二,以物为故事的主角,推动情节的发展,实现物与故事的强关联。汰渍广告《大挑战篇》,虽然没有"拟人化",但汰渍是故事的"关键",推动了故事的发展。(见视频6-15)

视频6-15

其三,以物为配角,只是在故事中出现,可有可无,却可以建立物与故事的弱关联。以雕牌牙膏广告《新妈妈篇》为例,广告中,雕牌牙膏并没有担当主角,而是甘为配角,产品不占据故事的主导地位,自然也不会给观众造成过于强势的印象,但却触及了一个"新妈妈"的重大

图6-1　纳爱斯广告《牙齿也恋爱篇》(1)

图6-2　纳爱斯广告《牙齿也恋爱篇》(1)

问题,让这则广告看起来更像公益广告。(见视频6-16)

当然,除了"物的人化"之外,还有"物的神话"。

其一,"招魂术"。无论是不是迷信,"招魂术"事实上流传

视频6-16

在民间。在一些广告中,如可口可乐广告《点滴篇》中,产品或品牌具有"招魂术"的作用,能唤醒人们的潜在能量,召回人们迷失的灵魂。(见视频6-17)这种类型的广告其实很常见,产品具有了神奇的能力,召唤能量,召回灵魂。

视频6-17

其二,"巫术"。"巫术",之所以为"术",乃为"方术"之意,是企图借助超自然的神秘力量对人或事施加影响、给予控制,颇有一点"怪力乱神"的味道。AXE男士香水广告《混乱篇》,诉求的重点一直是其香氛中含有女性特别喜欢的味道,从而散发不可抗拒的男性魅力。那么,如何去表现这种特殊的魅力?"怪力乱神"是AXE香水的选择。正因为它,出现了各种"危险",以至于几近"世界末日"。(见视频6-18)

视频6-18

其三,"宗教"。在宗教的世界里,虽然也相信超自然的神秘力量或实体,但更强调敬畏和崇拜,更注重精神寄托和终极关怀,从而延伸出信仰认知和宗教仪式活动。iPhone广告《1984篇》是一则只播出过一次的广告,表达了苹果早期的品牌主张。面对强大的对手——蓝色巨人IBM,苹果并不能从技术上与之抗衡,但意识到对手不仅仅是技术的存在,更是一种"宗教"的存在。因此,iPhone将自己定位于打破垄断者,拯救被老大哥(Big Brother)所控制的人们。iPhone的标志成了宗教符号,购买和使用iPhone也成了宗教仪式。(见视频6-19)

视频6-19

广告是"说故事"的高手,尤其是在追求创意的过程中,"说故事"的感性诉求方式越来越成为广告的主流方式。

其实,这不仅仅是诉求方式的变化,更是广告创意的伦理转向,从对产品的关注转向对人的关怀,让广告更加动人,也让这个世界更有"温度"。对此,我们不妨看看中央电视台公益广告《回家》的拍摄花絮,进一步感受广告所关注到的"人",以及由此带来的"温度"。(见视频6-20)

视频6-20

当然,广告"说故事"的同时,也可能在"讲道理"。即道理蕴含在故事之中,从而让人们自己去体会和领悟。这也是"故事"的重要价值。

小　结　广告的叙述转向及广告创意的伦理转向

这一章,笔者从态度心理和说服路径入手,引出了广告的两种基本诉求方法,即理性诉求和感性诉求。

通常来说,态度被理解为一种心理倾向性,并包含认知、情感和意向等要素。态度具有协调性和稳定性,但并不意味着态度永远是协调和稳定的。

当认知与情感之间的矛盾积累到一定程度时,认知因素也可能造成情感因素的改变,从而改变态度,进入新一轮的稳定状态。

ELM模型,即态度改变的精细加工模型认为,说服引发的态度改变一般经过两条路径,即中枢路径和边缘路径。

与此相呼应,感性和理性也是人类认识世界的两种基本方式。广告可以"讲道理",包括阐释事实、功效展示、观点验证等。

当然,这里说的"道理",还是达不到严格意义上的"理性"。因为"讲道理"毕竟并不是广告所擅长的。

但广告是"说故事"的高手。既然是故事,一定要有情节,要有"人"的卷入,当然也包括各种"有灵之物"。这里所说的"有灵之物",既包括"物的人化",也包括"物的神话"。

"说故事"这样的叙述方式更趋向人的一种本能,更容易被人接受。正因为如此,叙述式广告日益成为广告的主流。

这种变化实际上是广告伦理的转向,从对产品的关注转向对人的关怀,让广告更加动人,也让世界更有"温度"。(见视频6-21)

视频6-21

第七章　广告如何说好故事(上)

——广告与幽默

人生活在这个世界上,随时随地都会出现喜、怒、悲、惧等情绪情感[①]的起伏变化。情绪情感就像染色剂,把人们的生活染上了各种各样的色彩;情绪情感又恰似催化剂,使人的活动加速或减速进行。

人需要积极、快乐的情绪,它是获得幸福与成功的动力,使人充满生机;人也会体验焦虑、痛苦等消极的情绪,它使人心灰意冷、沮丧消沉。人的一生,就是这样游弋在情绪的海洋中,在色彩斑斓的情绪世界里领悟到人生五味。

广告作为"说故事"的高手,其所擅长之处恰恰在于诉诸人的情绪情感。以泰国广告为代表,通过诉诸亲情、爱情、友情,常常感天动地、催人泪下,让人产生强烈的情感共鸣(见视频7-1)

视频7-1

[①] 尽管从词义的角度来说,情感(feeling)与情绪(emotion)是不同的。情感是经常被用来描述具有稳定而深刻的社会含义的高级感情,如对祖国的热爱、对事业的酷爱、对美的欣赏等。但心理学认为,情绪和情感同属于感情(affection)性心理活动的范畴,是同一过程的两个方面,情感强调过程的感受和体验,情绪强调感受和体验的过程。由于心理学是对感情性反应的研究,侧重于它们的发生、发展的过程和规律,因此较多使用情绪这一概念,同时倾向于不严格区分情绪和情感,并可能会混用这两个概念。

当然,这种情感大片也存在着其自身无法克服的缺点。过于频繁的广告"催泪",让人动情伤心,造成"煽情"的印象,并形成审美疲劳和情感倦怠;过于悲情的广告故事,会造成与年轻一代的"隔阂",被认为过于严肃和老套。因此,广告必须寻找一些更为精细的情绪情感类型,与消费者沟通。

中国古有"七情"之说[①],将"喜"放在基本情绪情感类型之首;西方亦是如此,美国心理学家克雷奇(Krech)、克拉奇菲尔德(Crutchfield)和利维森(Livson)等人则将"快乐"列入四种类型情绪[②]之一的原始情绪之中。

可见,"喜""开心""快乐"在中、西方都被认为是情绪情感的重要类型。这些对应一种"接近"的情绪,伴随着快乐、放松、喜欢、高兴等心情,趋向于轻松、欢快、释怀等。

而幽默正是对这类情绪情感的运用,自然成为广告"说故事"的重要工具。(见视频7-2)

视频7-2

第一节　幽默概念的形成及理解

在现实生活中,人们常常运用幽默来调节心情,缓解紧张或者尴尬气氛,营造轻松愉快的生活情境。

一、幽默广告作为广告类型

一般来说,幽默总能给人们带来心理上的放松和情感上的享受。正因如此,在广告实务中,幽默也作为一种基本诉求方式被广泛运用。

正如前所说,幽默诉诸人的"喜"的情绪类型。而"喜"是人的最基本情感

---

① 根据《礼记》记载,"七情"是指"喜、怒、哀、惧、爱、恶、欲"。
② 根据他们的观点,情绪可以分为四类:第一类是原始情绪,包括快乐、愤怒、恐惧、悲哀等;第二类是与感觉刺激有关的情绪,包括疼痛、厌恶和轻快等,可以是愉快的,也可以是不愉快的;第三类是与自我评价有关的情绪,包括成功的与失败的情绪、骄傲与羞耻、内疚与悔恨等,它们由一个人对自身行为与客观行为标准的关系的知觉所支配;第四类是与他人有关的情绪,主要是指发生在人与人之间的情绪,可以分为爱和恨两大类。

类型之一,也就是"快乐""开心""喜悦"。从情绪的外在表现来看,"幽默"对应的是人们感受到的"好玩""好笑""有趣"。这些口语化的词汇可以更好地、更准确地表达人们对幽默广告在情感情绪上的感受和体验。

Steinlager为了倡导一种"负责地喝酒"理念,推出一系列幽默广告。大醉之后,第二天醒来,才发现自己已经成了别人的画布。广告用这种特殊的方式,调侃了那些"不负责任喝酒"的行为。"Be the artist,not the canvas",做个艺术家,但不要做这种油画家。(见图7-1、7-2、7-3)

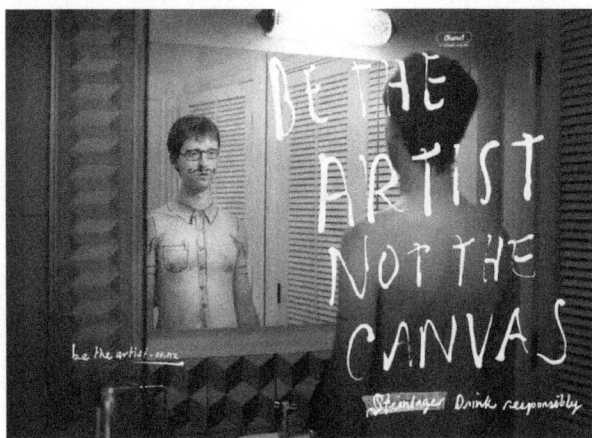

图7-1 Steinlager广告 Drink Responsibly (1)

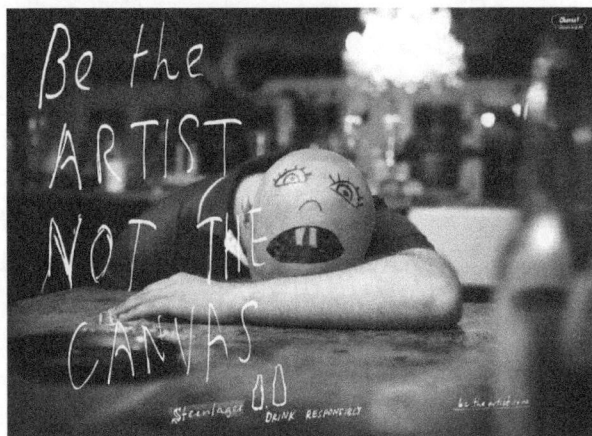

图7-2 Steinlager广告 Drink Responsibly (2)

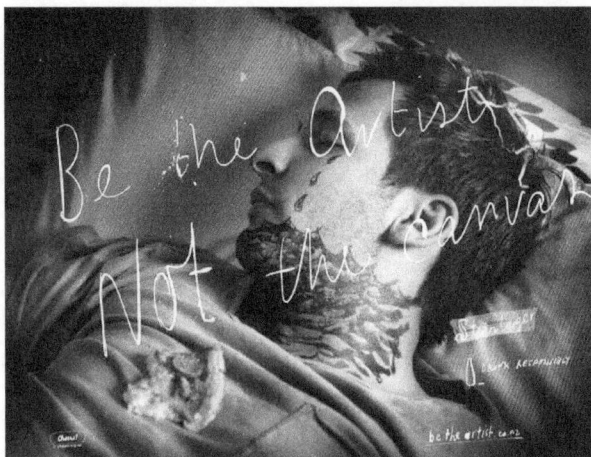

图7-3 Steinlager广告 Drink Responsibly (3)

"好笑"大概是大家看懂了这些广告之后,最直接的感受和结论。而这些让大家觉得"好笑"的广告,就是幽默广告。用学术的话语说,所谓幽默广告,就是以幽默的手法传递商品和劳务等各种信息的广告类型。

据统计,在美国黄金时段播出的电视广告中,有24.4%含有幽默内容,而在英国这一比率高达35.5%。[①]在我国,虽然没有具体的实证数据,但从感性经验上说,幽默广告也是越来越多了。(见视频7-3)

视频7-3

在一些专业性的广告竞赛中,幽默广告更是抢足了风头。有人统计,戛纳国际广告节中,50%的获奖广告采用了幽默的形式。[②]这部分说明,幽默广告已经成为一种不可或缺的广告表现形式,也成为一种重要的广告类型。

二、英文humor一词的基本含义

据学者考证,最早有关humor的定义是苏格拉底对于"可笑"(ridiculous)的

---

① Marc Weinberger, Harlan Spotts. Humor in U.S. versus U.K. TV Commercials: A Comparison[J]. Journal of Advertising,1989,18(2):39-44. 转引自周象贤. 幽默广告诉求及其传播效果[J]. 心理科学进展,2008(6):955-963.

② 秦蕾蕾. 幽默广告研究[D] 开封:河南大学,2010:1.

论述。在苏格拉底看来,"可笑"是一种品行不端的习惯;愚昧无知而又无法保护自己的人,就是可笑的。①

至于humor一词的拉丁语词源,据有关资料考证,最早是作为医学术语来使用的,原意是动植物里起润滑作用的液体。医学家和心理学家发现,人之所以有不同性格和气质,是由人的四种基本液体——血液、黏液、黄胆汁、黑胆汁的不同组合来决定的。②

《牛津高阶英汉双解词典》(第8版)将"humor"解释为:(1)幽默;幽默感。(2)感觉;心情;精神状态。(3)体液(旧时认为存在人体内,有四种,可影响健康和性格)。可见,在英语世界中,humor作为"幽默"时,通常被理解为人的行为、谈吐或者事物具有的逗人快乐、发笑的特质,或者人觉察什么是荒谬的或逗人发笑的能力。

三、汉语"幽默"一词的来历及理解

"幽默"一词在我国可追溯到屈原《九章·怀沙》中的"眴③兮杳杳,孔静幽默"。这句的大意是说,江南山高泽深,看下去令人眩晕,幽远偏僻,了无人声。也就是说,中文的"幽默",最初是"幽深""寂静无声"之意,并没有今天的词义。

现代意义上的"幽默"实际上是英文humor的音译词。山东省民间文艺家协会理事张继平先生认为,第一个将英语单词humor译成中文的是国学大师王国维,而不是大多数人认为的林语堂。王国维在1906年出版的《屈子文学之精神》一书中,将humor一词音译成"欧穆亚",并认为"欧穆亚"是一种达观的人生态度。④

其实,对于humor的翻译还有不同的版本:翻译家李青崖将其译为"语妙",语言学家陈望道则将它译为"油滑"。而用"幽默"来翻译,还是林语堂的

---

① Plato. Philebus. 360-1-1. http://classics.mit.edu/Plato/philebus.html. 转引自王欢. 中外广告幽默化的量化分析与比较[D]. 长春:东北师范大学,2013:2.
② 特鲁·赫伯. 幽默的艺术[M]. 上海:上海文化出版社,1987:5.
③ 读"xuan",四声,即"眩"。
④ 上海青年幽默俱乐部. 中外名家论喜剧、幽默与笑[M]. 上海:上海社会科学院出版社,1992:206.

首创。1924年,林语堂在《晨报》副刊上连续撰文,说明其用"幽默"来译humor的缘由,他认为:"凡善于幽默的人,其谐趣必愈幽隐;而善于鉴赏幽默的人,其欣赏尤在于内心静默的理会,大有不可与外人道之滋味。与粗鄙的笑话不同,幽默愈幽愈默而愈妙。"①

《辞海》将幽默定义为:"(1)发现生活中喜剧性因素和在艺术中创造、表现喜剧性因素的能力,真正的幽默能够洞察各种琐屑、卑微的事物所掩藏着的深刻本质;(2)一种艺术手法,以轻松、戏谑但含有深意的笑为其主要审美特征,表现为意识对审美对象所采取的内庄外谐的态度。"可见,汉语中的"幽默",与英文中的humor一词对应,表示人及其作品的"能力"、"品质"或"态度"。当然,本章所使用的"幽默",更多的是指艺术作品以"笑"为审美特征的艺术手法。

第二节 幽默广告的类型划分

幽默广告的分类是一个复杂的问题,直到现在也没有一个统一的分类标准。对此,学者们开展了较为深入的研究,并提出了若干种分类方法。

一、根据幽默的作用机制分类

有学者根据幽默机制(humor mechanism),对幽默广告进行了分类尝试。这种分类方式,可以让我们更好地理解幽默广告的内在机理。

1991年,斯佩克(Speck)提出幽默的作用机制可以分为三种,包括:(1)唤起安全感(arousal-safety);(2)认知失谐与解决(incongruity-resolution);(3)幽默式贬斥(humorous disparagement)。②在此基础上,斯佩克提出了被后续研究者广泛引用的幽默广告分类方法(见表7-1)。

---

① 宋李亚. 林语堂的幽默与刻薄[EB/OL]. http://www.guayunfan.com/mrgs/5012.html, 2018-11-02.
② 孙熙姝. 广告幽默国外研究综述——幽默对广告效果作用的影响因素[J]. 广告大观(理论版),2008(5):33-38.

表7-1　斯佩克幽默广告分类

幽默广告类型	作用机制		
	唤起安全感（arousal-safety）	认知失谐与解决（incongruity-resolution）	幽默式贬斥（humorous disparagement）
滑稽的妙语（comic wit）		√	
情感型幽默（sentimental humor）	√		
讽刺（satire）		√	√
情感型喜剧（sentimental comedy）	√	√	
完整型喜剧（full comedy）	√	√	√

1. 滑稽的妙语（comic wit）

以宜家广告《双人单人篇》为例,阳台上,一对情侣静静坐着,旁白说道:"塔诺户外晾椅组合,很适合情侣使用。"话语未落,只见女主角站起身,"啪"地给了男主角一个响亮的耳光摔门离开。这就尴尬了！两秒钟后,旁白再次出现:"同时也适合单身者使用。"男主角起身,将一张椅子折叠起来,若无其事地坐了下来。"双人"瞬间变成了"单人",广告的妙语令人忍俊不禁。(见视频7-4)

视频7-4

2. 情感型幽默（sentimental humor）

Optifog lenses防雾眼镜系列广告,展示了眼镜镜片起雾可能带来的尴尬甚至是危险,如约会时错把餐盘里的牛排当作女孩的手,生病住院时拿着别人电动床控制器来遥控电视机,越野跑步比赛时把警察在案发现场设置的警戒线当作终点线,在家做饭时把孩子的玩偶娃娃当作火腿肠,送货时扛着猪肉大摇大摆地走进珠宝店……广告把小概率事件夸大,并把本来不相干的要素拧在一起,从而产生了幽默效果,同时让人产生了一种较为强烈的风险感。(见视频7-5)

视频7-5

3. 讽刺(satire)

中国银联云闪付一贯使用幽默广告,而这次请来了电视剧《都挺好》中的"当红"角色"苏大强":前半部分"苏大强"一本正经,下半部分镜头一转,那个既"窝囊"又"作"的"苏大强"回来了。"它们最后都合起伙来欺负我的小账本,好东西太多又花钱,这事得有人管。""优惠这事,还得银联管。""苏大强"与银联云闪付,被奇葩地凑在了一起。(见视频7-6)

视频7-6

4. 情感型喜剧(sentimental comedy)

这类广告,与前面的情感型幽默有相似之处,但不同的是,情感型喜剧相对而言故事情节更加完整。以泰国CP牌即时食品《争吵篇》为例,其抓住外出用餐存在的"风险",并以风趣的方式放大了一个不可思议的"小故事"——店家老板跟老板娘之间的"口角",来表现即时餐食的好处,那就是让你可以安安心心在家吃顿饭。用广告中那位可怜的用餐人的话来说,就是:"老天啦,吃顿饭,有这么难吗?"(见视频7-7)

视频7-7

5. 完整型喜剧(full comedy)

完整型喜剧不仅有较为完整的故事情节,而且往往运用场景调度的手法,这使得这类广告的叙事性更强。

我们来看看日本乐透广告《部长篇》。(见视频7-8)这则广告实际上是由连续的两篇组成。让我们先来看第一篇。

视频7-8

场景一:(车上)年轻的下属与长者攀谈,忍不住问长者:"部长知道'乐透7'吗?"部长淡然回答:"我不知道。"年轻人表情略带夸张地说:"头奖高达4亿日元哦!"部长面不改色,果断地回应:"没兴趣。"年轻人继续描述:"头奖没人中的话,头奖最高累积可达8亿日元。"部长很不耐烦地打断了年轻人,并训斥道:"你的梦想是用钱就买得到的吗?"年轻人自知无趣,赶紧闭嘴。

场景二:(街道上)年轻人拿着咖啡,心中想着部长所说的话,敬意油然而生:"啊,真帅气啊!糟糕,快流泪了(感动)!"就在这时,年轻人突然看到街角的乐透亭前,部长正在掏钱买着彩票。部长似乎也意识到了什么,转过身来发现了年轻人,露出了尴尬的表情。

接下来,我们再来看第二篇。

场景一:(酒廊)年轻人再次热情地问长者:"部长您知道吗?"部长淡淡地回答:"什么?""'乐透7'头奖累积奖金高达8亿日元。"年轻人禁不住再次强调。部长不为所动,说:"真无聊!"并且还补充道:"这东西关我屁事。"年轻人不明白,脱口而出:"可是昨天……"话没说完,就被部长打断:"我没有买。"年轻人似乎还想争辩:"可是我……"部长再次打断说:"你认错人了!"

场景二:(大厅)客人们从外面走进来,部长带着年轻人迎了上去,一边伸手去掏自己的名片,一边说:"初次见面,敝姓柳叶。"但没想到,掏出来竟然是乐透彩票。年轻人在一旁见了,着急地提醒部长。直到最后,部长才尴尬地发现自己的错误。

斯佩克在1987年就发现,不同类型的幽默,其传播效果存在很大区别。具体而言,在吸引注意力方面,完整型喜剧效果最好,而情感型幽默则没有这种效果;情感型幽默有助于促使受众对信源产生好感,而具有攻击性的讽刺型幽默则没有这种效果。

二、根据幽默与广告或产品之间的关联性分类

有学者还根据幽默与广告或产品之间的关联性(humor relatedness),来对幽默广告进行分类。

斯佩克根据相关性标准,曾将幽默广告分为三类。①

其一,有意类(intentional),即幽默元素与广告信息的类型,以及信息加工过程密切相关。以可口可乐《疯狂的追逐篇》为例,这是可口可乐2013年超级碗的年度广告大片。(见视频7-9)广告表现的是,一位阿拉伯人牵着骆驼正在穿越沙漠,

视频7-9

---

① 孙煕姝. 广告幽默国外研究综述——幽默对广告效果作用的影响因素[J]. 广告大观(理论版),2008(5):33-38.

远处隐约可见一瓶巨大的可口可乐,这让他看到了生机,一股清凉沁入心脾。但这时突然出现了一群牛仔模样的土匪,后面跟着一队机车强盗,以及一车拉斯维加斯歌舞女郎,各队人马使出了浑身解数,展开了疯狂的追逐。在这里,可口可乐被设置成情节的关键,疯狂的追逐正是围绕着可口可乐展开的。

其二,语义类(semantic),即幽默元素与产品相关主题密切相关。以脉动饮料《脉动回来篇》为例,陪着女朋友逛街的男主角疲惫不堪,"不在状态,神丢了"。怎么办?女朋友生气了!"还好有脉动。""脉动富含维生素群,让你随时脉动回来!"这里的"脉动",不仅作为名词,指产品名称,而且成为动词,镶嵌到了故事之中。(见视频7-10)

视频7-10

其三,结构类(structural),幽默与产品诉求之间具有统一性。Soken DVD广告《卡带篇》抓住DVD的重要性能,讲述了一系列尴尬的故事。每次讲话,都出现莫名其妙的"停顿",让身边的人不知所措。"停顿"="卡带",在比喻意义上完成了广告诉求重点的表达。这种结构性的幽默广告,更有利于消费者对产品特性的理解和记忆,从而达到深度的说服。(见视频7-11)

视频7-11

诚然,相关性确实是影响幽默广告传播效果的重要因素。卡普兰和帕斯科(Kaplan & Pascoe)发现与产品或广告信息相关的幽默比不相关的幽默效果好。马登(Madden)也发现,包含与产品相关的幽默的广播广告比包含与产品无关的幽默的广播广告更有趣,更吸引人。温伯格和坎贝尔(Weinberger and Campbell)则发现,对于高卷入、情感型产品来说,与产品或广告信息相关的幽默对受众广告回忆的积极作用比无关的幽默更大。斯波茨、温伯格和帕森斯(Spotts,Weinberger & Parsons)的研究指出,在广告中使用哪种关联类型最有效,取决于被广告的产品类型。①

① 孙熙妹. 广告幽默国外研究综述——幽默对广告效果作用的影响因素[J]. 广告大观(理论版),2008(5):33-38.

三、根据幽默的表现形式分类

幽默广告也可以根据幽默的表现形式来分类。这种分类方法对于广告创作而言,具有很强的指导意义。

凯利(Kelly)等认为,幽默广告中至少含有以下幽默意图的内容之一。[①]

(1)双关(pun),指同一个单词或短语暗含两种意思而产生的幽默效果;

(2)掩饰(understatement),以一种似是而非的手段表达某种事物;

(3)开玩笑(joke),指行为动作或谈笑毫不严肃;

(4)滑稽(something ludicrous),指荒谬、可笑的言谈举止;

(5)讽刺(satire),以行为的愚蠢、荒唐或不完美的形式呈现事件;

(6)反语(irony),语言表达的是与其字面完全相反的意义。

宝马系列广告《明星篇》虽然请来了大名鼎鼎的麦当娜担任主演,但宝马对这位大明星一点也不"客气",极尽幽默调侃之能事,让她在广告中出尽了洋相。其中,夹杂着"双关""掩饰""开玩笑""滑稽""讽刺",以及"反语",该广告几乎成为幽默手法的集合体。广告中,这位超级明星性格古怪、脾气暴躁,最终被司机(克里夫·欧文饰演)和宝马车好好地"教训"了一通,最后在众人面前颜面尽失。(见视频7-12)

视频7-12

当然,正如凯利所指出的,广告中的某项内容是否被受众知觉为幽默,往往是众多因素(如文化、当前情境、个体差异等)综合作用的结果。在他看来,幽默很美,但只存在于受众心中。[②]

克特内斯库和汤姆(Catanescu & Tom)借鉴了凯利等人的观点,将幽默诉求广告分为以下七种类型。

[①] Codruta Catanescu,Gail Tom. Types of Humor in Television and Magazine Advertising [J]. Review of Business,2001,22(1/2):92-95. 转引自周象贤. 幽默广告诉求及其传播效果[J]. 心理科学进展,2008(6):955-963.

[②] J P Kelly,Paul Solomon. Humor in Television Advertising[J]. Journal of Advertising,1975,4(3):31-35. 转引自周象贤. 幽默广告诉求及其传播效果[J]. 心理科学进展,2008(6):955-963.

（1）对比（comparison），将两个或两个以上的元素置于一起进行比较而产生幽默情境。Downy洗衣液广告《放下手机篇》为了使大家真正享受浪漫时刻，特意把使用手机和放下手机进行对比，从而产生了戏剧效果。（见视频7-13）

视频7-13

（2）拟人（personification），即将人的特征赋予动、植物或其他事物。M&M's豆在其《剧透篇》广告中，为了表达"M豆伴剧，看出新乐趣"的主张，将M豆进行拟人化，其不仅跟男主角一起坐在沙发上，而且还一个劲地透露接下来的剧情，让男主角直接崩溃。（见视频7-14）

视频7-14

（3）夸张（exaggeration），夸大事物的某些构成部分。看看Zona Jobs网站广告《奶奶安息篇》，一位老奶奶去世了，但无数次地复活，可谓死不瞑目啊！广告的最后，小伙子接通电话，深情地说："奥尔蒂斯，我要爽约了。因为我外婆，她出了意外。""为了让外婆安息，快来找份好工作。"找工作如此之重要，竟然可以让外婆安息，这当然是广告的夸张啦！（见视频7-15）

视频7-15

（4）双关（pun），改变语言的使用情境或某些元素使其产生新的语意。Groovetech刀具《干净利落篇》，为了诉求于刀具的锋利，广告表现了一些恋人相拥的场景，看起来柔情蜜意、无法割舍，但当一方突然提出分手时，对方竟然毫不犹豫地当即答应了。双方就此分手，没有一丝不舍。这不是正合了Groovetech提出来的"刀刀不粘，干净利落"吗？（见视频7-16）

视频7-16

（5）讽刺（sarcasm），通过运用夸大其词或说反话的方式对刺激做出反应。Finish洗碗机《喜欢洗碗篇》以常见的厨房为场景，不同的人物轮番登场，一边洗碗，一边唱道：

（男）我超爱洗碗，一天三次直到我死去；

（女）滚烫的热水伤我皮肤；

（女）这些恶心的海绵让我想吐，没错，我真的超爱洗碗的；

（女）我超爱洗碗，我老公爱我肿胀的手；

（男）我超爱藏在泡沫中锋利的刀子；

（男）我喜欢做自己家的奴隶；

（合）我真的超爱洗碗的；

（女）嗨，我刚错过了我孩子走路的第一步；

（女）哦，我超爱洗碗，喜欢在脏水中遨游；

（男）清洁残渣堵住的洞口，直到有天我变成土老头；

（女）是的，我超爱；

（合）我们超爱，我们超爱，我超爱洗碗的。

橡胶手套不断变大，最后炸成了碎片。旁白说："根本没人爱洗碗！让洗碗机去洗碗吧！"（见视频7-17）这里的"爱""超爱"，当然是反话，恰恰展现的是对洗碗的"讨厌"。

视频7-17

（6）蠢笨行为（silliness），依靠扮鬼脸或滑稽动作，或者展示愚蠢行为，来制造幽默氛围。高德地图广告《鸟巢篇》为了强调"高德地图老好使"，特意展示了一位胖哥的"蠢笨行为"。原来，这位胖哥信奉老经验——"出门在外嘴是方向"，结果多方打听之后，终于找到了"鸟巢"。可是，此"鸟巢"，非彼"鸟巢"啊！（见视频7-18）

视频7-18

（7）惊愕（surprise），通过创造出乎意料的情境引人发笑。丹普床垫《打斗篇》广告直接以警匪片高潮段落切入，追逐、打斗、惊险、刺激，但当他们碰巧打到了床垫上后，却画风一转，两人相继睡着了。（见视频7-19）剧情的突然转折，令人错愕，也让人发笑。

视频7-19

我们再来看看WERU隔音窗的系列广告（见图7-4、7-5、7-6）。有了WERU隔音窗，一切能制造噪音的玩意，如割草机、大马力机车、电锤等都变小了，而且小到不可思议甚至"可笑"的程度。广告正是以这种方式，造成了"愚笨"和"惊愕"并略带"讽刺"的效果，凸显了隔音窗所具有的强大的隔音功能，令人捧腹。

图7-4　Weru隔音玻璃广告《隔音》(1)

图7-5　Weru隔音玻璃广告《隔音》(2)

图7-6　Weru隔音玻璃广告《隔音》(3)

有趣的是,克特内斯库和汤姆对近5000个广告作品进行分析,还发现幽默在电视上的使用率大大超过了印刷媒体。当然,两类媒体上所呈现的幽默类型也存在差异:电视广告主要依靠蠢笨行为来逗笑,而印刷媒体则以讽刺类幽默为主。①

四、根据幽默内容分类

幽默广告还可以根据幽默的内容进行分类。如戈德斯坦和麦吉(Goldstein & McGhee)在1972年根据内容对幽默广告采取的三分法,是当时被广泛运用的分类方法。

(1)攻击性的(aggressive)。(见视频7-20)

(2)与性有关的(sexual)。

(3)无厘头的(incongruity/nonsense)。(见视频7-21)

视频7-20　　　　视频7-21

贡布罗普卢(Kambouropoulou,1981)也有类似的划分:

(1)敌对或攻击性幽默(hostile or aggressive humor),这类幽默以攻击性内驱力或意欲愚弄为主题;

(2)性幽默(sexual humor),其内容与性行为或性刺激相关;

(3)荒谬性幽默(nonsensical humor),以常人可接受的对立形式表现失谐(incongruity)或荒谬内容。

显然,BIC剃须刀广告《冰壶篇》(见视频7-22)应该属于这里所说的第三类,即荒谬性幽默广告。好好的冰壶比赛,却是

视频7-22

---

① Godruta Catanescu, Gail Tom. Types of Humor in Television and Magazine Advertising [J]. Review of Business, 2001, 22(1/2):92～95. 转引自周象贤. 幽默广告诉求及其传播效果[J]. 心理科学进展, 2008(6):955-963.

从选手洗澡剃须开始的;赛场上比赛用的冰壶,也都换成了"人"。一切都显得荒谬不合逻辑,但"光滑"又将剃须后的"人"与"冰壶"连接起来,让人在"失谐""荒谬"之中,找到横向相似性的逻辑。这大概是无可名状的"搞笑"吧!

当然,分类的意义不是要画地为牢,而是为了更好地了解事物的内在差异,并有意识地运用这种知识来指导我们的实践。

第三节　幽默广告的作用机制

其实,前一节已经部分涉及了幽默广告的作用机制。不过,这里是想借助心理学的理论,从整体上解释幽默广告是如何影响受众的。

到目前为止,学者们主要使用心境一致性假说、分心假说、学习理论、精细加工模型等进行尝试性的解释。

一、心境一致性假说

心境一致性假说(Mood-Congruent Hypothesis)认为,在信息的编码或提取过程中,个体会对那些与当时心境相一致的信息进行优先处理。也就是说,当个体心境不佳时,他所加工或回忆的信息多是负性的;而积极心境下的个体则会贮存或提取更多积极性的内容。同时,积极心境还可能扩大其认知结构(如促进个体将更大范围的刺激组织起来),从而提升思维的整体性与灵活性,最终促进信息的精细加工。

幽默的主要作用之一是"逗乐"。因而,广告中引入幽默内容很可能诱导出受众较佳的心境,良好的心境便会易化对广告品牌信息的理解,并形成积极的品牌态度。(见视频7-23)

视频7-23

二、分心假说

分心假说(The Distraction Hypothesis)认为,当个体遭遇到与其已有观点存在差异的说服性信息时,内心会产生一些对抗性心理(counter-arguments),

以降低既有态度改变的可能性。因此,如果所呈现的视听信息想要克服受众的内心阻抗,以提高其说服效果,方法之一便是采取分心策略,对受众自动产生的对抗性心理进行干扰。

业内人士相信,幽默具有作为分心物的能力。特别是当目标受众处于与传播信息相对立的地位,或察觉到这些信息可能对其具有劝说目的时,幽默是一个有效的分心物。有学者对238个幽默诉求广告进行内容分析后发现,73.5%的幽默诉求广告中含有欺骗性主张,这些欺骗性主张中又有74.5%是通过幽默的分心作用来掩盖其劝导动机的。

看了一些好玩的广告,大家经常会调侃:又"骗"我买东西。(见视频7-24)当然,这里说的"骗"是不经意之间的心悦诚服。

视频7-24

三、学习理论

部分研究者借用学习理论(Learning Theory)法则来解释幽默诉求对受众的影响机制。其中,具有代表性的学习理论是经典条件反射理论(Classical Conditioning Theory)。

该理论认为,幽默诉求内容的呈现会引起受众较为轻松、愉悦的积极情感,由于广告中的产品与此类情感重复稳定地结合与呈现,最终会导致受众形成条件反射——对广告中的品牌也产生类似的情感反应。或者说,幽默呈现时激起的受众情感反应会迁移给该广告及所传播的产品。因此,也有研究者将条件反射的形成称为情感迁移理论(Affect Transfer Model of Persuasion)。

我们再来看一则士力架经典广告《新黛玉篇》。(见视频7-25)大家有没有发现,面对士力架广告,我们已然形成了"幽默""好玩"的期待。其实,这种期待本身就是条件反射的产物。

视频7-25

四、精细加工模型

前文中,已经谈及精细加工模型(Elaboration Likelihood Model,简称

ELM)。这里,该模型也被用来解释幽默广告的作用机理。

如前所述,精细加工模型是佩蒂和卡西奥普(Petty & Cacioppo)等提出的。该模型认为,广告引起受众的态度改变依据精细加工可能性(elaboration likelihood)水平高低,这可归结为中枢路径(central route)和边缘路径(peripheral route)两条路径。

该模型认为,任一变量在说服过程中的作用可能会因情境的变化而改变:它可直接充当说服证据,也可作为边缘线索影响态度形成,还可能通过影响信息加工动机强度而间接影响与它同时呈现的其他信息的说服效果。

有研究者认为,幽默在劝导中的作用也会因情境变化涉及以下三个方面。

第一,幽默作为说服证据通过中枢路径起作用。

所谓说服证据(argument),一般指广告中令受众称道的品牌特性信息。当幽默诉求中的产品或服务拥有幽默品质,或者说,当广告中的幽默内容可作为广告产品质量优劣的证据时,它便可充当劝导信息起作用。

这类产品包括喜剧人物(comedians)、电视幽默秀(humorous television shows)、喜剧电影 funny movies)、漫画书籍(comic books)、卡通人物(cartoon characters),以及其他可能拥有趣味特性(quality of funniness)的事物。

此时,精细加工可能性较高的受众便会通过中枢路径,对幽默内容进行综合分析、评价,并引起态度的改变。一般而言,所设幽默内容与产品相关度越高、趣味越浓,受众的态度就越有可能朝着广告预期的方向发展;相反,若幽默内容与产品相关度越低,趣味越弱,受众内心与广告诉求相对抗的心理便会蠢蠢欲动,最终可能妨碍积极态度的形成。

幽默并不一定会弱化对核心信息的处理。以 WAM Beauty SPA 广告《最后的愿望篇》为例,这则广告是一个具有强烈反差的故事,丈夫被大石压住,已经奄奄一息,妻子获得了神助,可以实现最后一个愿望。在这关键时刻,妻子却忘记了丈夫,毫不犹豫地选择了"让肌肤回到16岁"。"让肌肤回到16岁"是不是在你脑海中留下了深刻的印象呢? 如果是,那么足以说明,幽默广告也可以是"硬核"广告!(见视频7-26)

视频7-26

第二,幽默作为边缘线索通过边缘路径起作用。

这可能是广告中众多幽默内容发挥作用的主要方式。其实,大多数产品或服务自身并不具备幽默特质,导致幽默内容与产品相关度偏低,这决定了幽默诉求内容无法作为产品的说服证据通过中枢路径起到说服作用。

当受众精细加工可能性高时,与产品相关度较低的幽默内容的说服效果会受到限制。因为此时的受众会对广告中与产品特性相关的信息进行仔细评价,在这种情况下,对消费者态度产生影响的主要因素是广告中说服证据的强弱,而不是作为边缘线索的幽默内容。

但是,如果受众的动机不强,或加工产品信息的能力偏弱,或者处于分心状态下(如边看电视边做家务),幽默最有可能通过联想、归因或直观推断等边缘路径影响态度的形成(如,既然广告能给人以愉悦,其产品也可能会令人满意);并且,这种反应是自动的,无须启动相关的认知加工过程。

以《啥是佩奇篇》为例,这则广告一夜刷爆朋友圈,让几乎所有人都在谈论"啥是佩奇"。(见视频7-27)在广告中,佩奇虽然是主角,但非常低调,似乎只是故事的线索。大家更为关注的,肯定是爷爷与孙女之间的亲情,"佩奇"只不过是亲情的中介而已。"幽默""煽情",再加上不断地提及"佩奇"的名字,广告实现了传播目的,而无须受众过多地对"佩奇"本身进行加工。

视频7-27

第三,幽默充当调节精细加工可能性水平的因素起作用。

精细加工模型指出,某些变量也可通过影响精细加工可能性水平的高低来影响说服效果。具体地说,通过提高或降低个体加工信息的动机水平,促进或妨碍加工能力的发挥,其中一些变量可引导人们更加清晰地辨别出令人信服的证据,也可让个体更为灵敏地区分出似是而非的信息;而另一些变量则可能阻碍人们获得清醒的认知。

研究者认为,广告中的幽默有时便充当了这类变量。一般来说,幽默的存在可以吸引更多的"注意"资源,并给予人们愉悦的享受,从而可能提高(或者降低)个体加工广告信息的动机,并最终影响其品牌态度的形成。

当然,幽默不仅仅是战术层面的广告创作技巧,而且开始被一些企业或品牌当作自己的品牌"理念"和"风格",形成了一些"好玩""有趣""搞笑"的品牌个性特点。

著名的牛仔服品牌Diesel就曾推出"做个蠢人吧!"(Be stupid!)系列广告。广告文案这样写道:

聪明人看到了他们在哪里,蠢人看到了他们可以在哪里。(Smart sees what there is. Stupid sees what there could be.)

聪明人批评,蠢人创造。(Smart critiques. Stupid creates.)

聪明人有头脑,但蠢人有大胸。(Smart may have brains but stupid have balls.)

蠢人试错,并总是犯错。(Stupid is trial and error. Mostly error.)

这一系列广告提出了"做个蠢人",并重新定义了"聪明"和"蠢"。这种一贯以来的广告风格让Diesel获得了"幽默""搞怪"的品牌个性,俘获了一批追求另类的年轻人的"芳心"。

第四节　幽默广告的传播效果

说到这里,大家肯定关心幽默广告的传播效果问题。其实,之前的章节已经部分涉及了幽默广告的传播效果,只是没有系统地展开。

已有研究显示,幽默在吸引受众注意、增强对广告及其品牌的偏好度上存在优势,但对广告品牌信息的加工究竟起到的是促进还是阻碍作用,尚未获得较为统一的结论。

一、幽默与注意

幽默被认为是广告吸引注意的重要工具。调查显示,95%的广告实践者认为,幽默是一种捕获眼球的有效方式,其中有55%的实践者还相信有幽默比没有幽默的广告更能吸引注意。①

这种观点也基本得到了实验结果的支持。研究发现,在不同媒体广告中,包括电视、杂志、广播中,幽默的使用对注意均产生了积极的影响。

马登和温伯格(Madden & Weinberger)利用斯塔奇评分指标(Starch Scores),对杂志上的幽默广告诉求进行了分析。斯塔奇评分含三个指标:(1)注意率(noted),指注意到目标广告的受众数量;(2)看到或关联率(seen/associated),指看到广告且记得其品牌名称的受众数量;(3)阅读率(read-most),表示投入足够的注意力并阅读了广告文案的受众数量。通过与普通广告平均得分的比较发现,幽默诉求在以上三个指标上的取值分别高出平均得分66%、56%、82%。②这足以表明,幽默诉求具有比一般广告诉求更强的注意捕获力和维持力。

二、幽默与理解

对于幽默能否促进广告信息的理解,各相关研究没有获得较为统一的结论。有学者通过对在1961年至1981年间的16项有关幽默诉求分析后发现,其中仅有3项认为幽默的使用能促进品牌的记忆,4项研究显示会对广告信息的理解带来伤害,另9项报告幽默诉求与非幽默诉求间没有显著差异。③

如前所述,幽默广告从内容上说,可以分为三类,即有意类(intentional)、语义类(semantic)、结构类(structural)。在笔者看来,结构类幽默广告将广告幽默诉求的"点"与产品的"点"统一起来,可以很好地推动受众对产品特性的认识和理解。以Ameriquest广告《不要急于做出判断篇》为例,生活中很多事

---

① Thomas Madden, Marc Weinberger. Humor in Advertising: A Practitioner View[J]. Journal of Advertising Research,1984,24(4):23-29. 转引自周象贤. 幽默广告诉求及其传播效果[J]. 心理科学进展,2008(6):955-963.

② Thomas Madden, Marc Weinberger. The Effects of Humor on Attention in Magazine advertising[J]. Journal of Advertising,1982,11(3):5-14. 转引自周象贤. 幽默广告诉求及其传播效果[J]. 心理科学进展,2008(6):955-963.

③ Marc Weinberger, Ieland Campbell. The Use and Impact of Humor in Radio Advertising[J]. Journal of Advertising Research,1991,30(6):44-52. 转引自周象贤. 幽默广告诉求及其传播效果[J]. 心理科学进展,2008(6):955-963.

情都是不能急于做出判断的,否则会出现令人啼笑皆非的结果。(见视频7-28)当然,在贷款这么重要的事情上,就更不能"急于做出判断"了。

视频7-28

三、幽默与态度

影响消费者的态度及其购买意向是广告传播的终极目标。长期以来,研究者大都会重点对这两个指标进行考察,而不只是单纯探讨受众的认知反应。

相关研究发现,幽默的使用可能增进受众对广告及其品牌的偏好。张和津克汉(Zhang & Zinkhan)对240名大学生(含女生132人)被试,开展了一项实验研究,其中3项自变量包括:诉求方式(幽默、非幽默),卷入水平(高、中、低),以及广告主张(强、弱)实验。结果显示:一是对于广告态度、品牌态度而言,诉求方式、卷入水平的主效应及两者的交互作用均显著,通过简单效应检验发现,尽管受众卷入水平对幽默诉求效果的发挥存在影响,但不论卷入水平如何变化,受众对幽默诉求广告(相对于非幽默者)及其品牌均表现出明显的偏爱;二是在购买意向因变量上,诉求方式主效应显著,被试表示更愿意购买幽默广告所宣传的产品。[①]

吉尤因斯和佩尔斯迈克(Geuens & Pelsmacker)为了比较幽默诉求与非情感诉求广告所引发的受众情感上的差异,要求被试对一系列酒精饮料广告从无礼(insult)、激怒(irritation)、兴趣(interest)、愉悦(cheerfulness)、轻松(carefreeness)等五个维度进行评估。结果发现,幽默诉求比非情感广告激发了更为积极的情感体验,而非情感诉求则在无礼、激怒等负性情绪上的得分明显更高。[②]

---

① Yong Zhang, George Zinkhan. Responses to Humorous Ads: Dose Audience Involvement Matter?[J]. Journal of Advertising,2006,35(4)113-127. 转引自:周象贤. 幽默广告诉求及其传播效果[J]. 心理科学进展,2008(6):955-963.

② Maggie Geuens,Patrick De Pelsmacker. Feelings Evoked by Warm,Erotic,Humorous or Non-emotional Print Advertisements for Alcoholic Beverages[J]. Academy of Marketing Science Review,1998(1):1-8. 转引自周象贤. 幽默广告诉求及其传播效果[J]. 心理科学进展,2008(6):955-963.

让我们看看Specsavers广告《都是脾气惹的祸篇》,喜剧大师约翰·克莱斯(John Cleese)出手不凡,将一个普通的小故事演绎到妙趣横生的程度。脾气暴躁的车主被自己的车折磨得实在受不了,决定要好好地教训它一番。他折了树枝回来鞭笞,却没想到弄错了对象,教训的是一辆警车。本来想闹点脾气,结果闹成了笑话。看来,你真的"该去Specsavers配副眼镜了"。(见视频7-29)

视频7-29

小　结　幽默广告让人"心悦"而"诚服"

现在,让我们来小结本章的主要内容。

在日常生活中,人随时随地都会出现喜、怒、悲、惧等情绪,人的一切活动无不打上情绪的烙印。

作为中西方共同认可的基本情绪类型,"喜"对应"开心""快乐""好玩""好笑""有趣"等积极情绪体验,而"幽默"正好是诉诸这类情绪类型的工具,因此幽默成为重要的广告表现手法。

幽默广告就是以幽默为工具,在让人体会到好玩、有趣、愉快的情感体验的同时,传递商品和劳务等各种信息的广告类型。

为了更好地认识幽默广告,学者们根据不同标准,对幽默广告进行了分类。这些标准包括幽默机制、幽默与广告或产品的关联度、幽默的表现形式,以及幽默的内容等。

对于幽默广告如何影响受众的机制问题,学者们主要使用心境一致性假说、分心假说、学习理论、精细加工模型等进行解释。

已有的实证研究显示,幽默在吸引受众注意、增强对广告及其品牌的偏好度上存在优势。换句话说,幽默广告让人心情愉悦,同时让人们倾向于愿意接受广告推荐的商品或服务。

可见,幽默广告经常让人"心悦"而"诚服"。(见视频7-30)

视频7-30

第八章 广告如何说好故事(下)

——广告与恐惧

    从情绪类型的角度来说,恐惧与幽默是一对互相关联的基本情绪。幽默对应的是"喜欢""开心""快乐",是一种"接近"的情绪,伴随着快乐、放松、喜欢的心情,审美层面上趋向于轻松、欢快、肤浅、释怀;而恐惧对应的情绪是"惧""担忧""害怕",是一种"逃避"的情绪,并自动引发紧张、焦虑、警惕、保护的心情,其审美层面上趋向于严肃、权威、可信。因此,恐惧与幽默一样,也常常被广告所运用,以提高受众对广告的注意度,并强化对受众的说服,从而提高广告传播效果。

    有趣的是,人对"恐惧"总是抱有一种矛盾的心态:一方面,"恐惧"会引发焦虑和不适感,让人不免害怕恐慌,情不自禁想要逃避;另一方面,"恐惧"又会带来强烈的刺激感,仿佛极限运动一样,让人欲罢不能,尤其是在现代紧张的生活状态下,追求"恐惧"的体验,如蹦极、看恐怖片、玩密室逃脱等,成为人们解压的方式之一。(见视频8-1)

    本章将系统地介绍有关恐惧传播的研究成果,包括恐惧概念、恐惧心理的特点、恐惧诉求的概念、恐惧诉求的作用机制等,以揭开恐惧诉求广告背后的秘密。

视频8-1

第一节　恐惧概念的基本理解

所谓恐惧,简单地说,是指个体面对某种危险性恐吓时形成的情感反应,它往往会对人们的行为产生重要的影响,驱使人们试图避开或应对所面临的困境。

一、恐惧具有多重维量特性

心理学认为,所有的情绪情感都具有多重维量(dimension)特性。对此,许多心理学家提出了不同的模型。其中,美国心理学家普拉切克(R. Plutchik)提出的"情绪三维模式"最有代表性(见图8-1)

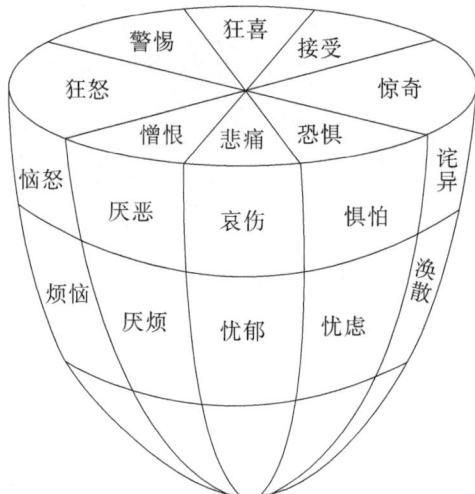

图8-1　普拉切克的情绪三维模式

该模型认为,每种情绪都具有强度(strength)、相似性(similarity)和两极性(polarity)三个维量。

普拉切克认为,人有八种基本情绪,而且这些基本情绪之间存在一定的关联。在扇形的截面上,临近的情绪是相似的,处于对角位置的情绪则是对立的;扇形的中心区域表示冲突,是由混合的动机卷入形成的。

更重要的是,他认为,同一种情绪存在着不同的强度,自上而下,依次减弱。以"恐惧"为例,强度依次为"恐惧→惧怕→忧虑"。

如此看来,所谓"恐惧诉求广告",未必非要达到所谓"恐怖片"或者"惊悚片"的程度。其实,只要是让人产生不适感、不安、担心的广告,都属于"恐惧诉求广告"的范畴。(见视频8-2)

说到"强度",笔者认为,在中英文中都有不少词汇,可以较为精细地表达不同程度的"恐惧",因此有必要辨析一下。

视频8-2

二、英文中与恐惧有关的词汇

英文中,与恐惧有关的词汇主要有五个。

(1)fear。

这是西方文献谈及"恐惧"时,最常用的词汇,并常用 fear appeal 来表述"恐惧诉求"。

《牛津高阶英汉双解词典》(第8版)对 fear 是这样解释的:①作为名词,表示危险靠近时、坏事发生时,或者受到特定事情的惊吓时,人们产生的坏情绪,即"害怕""惧怕""担忧";[①]②作为动词,表示"害怕""恐惧""畏惧""担心""恐怕"。[②]

(2)scare。

与 fear 类似,scare 这个词既可以作动词,又可以作名词。因此,这个词也较为常用,其搭配为 scare tactics,即"恐吓战术",也就是通过恐吓的方式来进

---

① Noun. ［U,C］ the bad feeling that you have when you are in danger,when sth. bad might happen,or when a particular thins frightens you.《牛津高阶英汉双解词典》(第8版)［M］. 北京:商务印书馆,牛津大学出版社,2014:756.

② Verb. a. to be frightened of sb./ sth.; b. to feel that sth. bad might have happened or might happen in the future; c. (formal) used to tell sb. That you think that sth. bad has happened or is true.《牛津高阶英汉双解词典》(第8版)［M］. 北京:商务印书馆,牛津大学出版社,2014:757.

行说服(ways of persuading people to do sth. by frightening them)。

《牛津高阶英汉双解词典》(第8版)将其解释为:①作为名词,常用于报刊,指"许多人恐慌和恐惧的一种状况",如"炸弹恐慌"(bomb scare)、"卫生恐慌"(health scare);②作为名词,指突如其来的恐惧感;③作为动词,表示"惊吓""使害怕""使恐惧",以及"受惊吓""害怕""恐惧"。①

可见,本章所称"恐惧"也可以用scare来表达,只不过常用的搭配是scare tactics,即"恐吓战术"。

(3)afraid。

根据《牛津高阶英汉双解词典》(第8版),afraid的意思为:①作为形容词,表示"害怕""恐惧"(可能受伤害、受苦);②作为形容词,表达"担心"(会发生某事);③作为形容词,有其固定搭配(afraid for sb./sth.),表示"担心、生怕(将发生不快、不幸或危险的事)"。②

可见,afraid只能作为形容词,对可能受伤害或受苦而心生害怕和畏惧,或者对将要发生不快、不幸或危险的事情表示担心。

换句话说,afraid是一种心理状态,即由fear/scare而引发的情绪状态或感受。

(4)fright/frighten。

fright:①作为名词,表示"惊吓""恐怖"的感觉;②作为名词,还可以表示"使人惊吓的经历""恐怖的经历"等。③

---

① Noun. a.[C] (used especially in newspapers) a situation in which a lot of people are anxious or frightened about sth.; b. [C] [sing] a sudden feeling of fear; c. [V] to frighten sb.; to become frightened.《牛津高阶英汉双解词典》(第8版)[M]. 北京:商务印书馆,牛津大学出版社,2014:1839.

② Adj. [not before noun] a. feeling fear; frightened because you think that you might be hurt or suffer; b. worried about what might happen; c. (afraid for sb./ sth.) worried or frightened that sth. unpleasant, dangerous, etc. will happen to a particular person or thing.《牛津高阶英汉双解词典》(第8版),北京:商务印书馆,牛津大学出版社,2014:35.

③ Noun. a.[U] a feeling of fear; b.[C] an experience that make you fear.《牛津高阶英汉双解词典》(第8版)[M]. 北京:商务印书馆,牛津大学出版社,2014:841.

frighten:作为动词,表示"使人突然受到惊吓、惊恐"。[①]

需要补充说明的是,fright虽然可以作名词,但实际上未见有"恐惧诉求"之类的表达。

(5)terror

《牛津高阶英汉双解词典》(第8版)将其解释为:①作为名词,表示极端的害怕,即"惊恐""恐惧""惊骇";②作为名词,指"可怕的人、恐怖的事、可怕的情况";③作为名词,指"经常是出于政治目的,刻意制造恐惧的恐怖行为或威胁采取恐怖行为";④(作为非正式用法)名词,表示"给你招惹麻烦或难以控制的人(通常是孩子)或动物",可以译为"讨厌鬼、小捣蛋"。[②]

总的来说,terror程度最深。它多用于非正式用法,特指具有政治目的的"恐怖"行为或活动。

三、汉语中表达恐惧的字词

汉语词汇中表述"恐惧"情绪的字词也有不少。概括地说,主要有以下五个字。

(1)恐。害怕、畏惧,如恐慌、惊慌等;使害怕,如恐吓;担心,如恐难胜任。

(2)惧。害怕,如畏惧、惧怕、恐惧等。

(3)怕。害怕,畏惧,惧怕;禁受不住,如瓷器怕摔;担心,恐怕。

(4)慌。急、不沉着,慌忙;恐惧、不安,惊慌、慌张;表示难以忍受,如闷得慌。

(5)忧。忧愁,忧闷、忧伤;使人忧愁的事,忧患;担心,忧虑;指父母的丧事,丁忧。

---

① Verb. to make sb. suddenly feel afraid.《牛津高阶英汉双解词典》(第8版)[M]. 北京:商务印书馆,牛津大学出版社,2014:841.

② Noun. a.[U,sing] a feeling of extreme fear;b. [C] a person,situation or thing that makes you very afraid;c. [U] violent action or the threat of violent action that is intended to cause fear,usually for political purposes;d. [C] (informal) a person (usually a child) or an animal that causes you trouble or is difficult to control.《牛津高阶英汉双解词典》(第8版)[M]. 北京:商务印书馆,牛津大学出版社,2014:2157.

按汉语的习惯,这些表达"恐惧"情绪的字,可以搭配组成词语,来更为精细地表达"恐惧"情绪。

如此说来,汉语中有关"恐惧"的词语实在是太多了,可谓不胜枚举。但,在笔者看来,从强度(strength)上说,可以归纳为三个基本的层级。

第一层:担心—不安;

第二层:惧怕—害怕—忧虑;

第三层:恐惧—恐慌—焦虑。(见视频8-3)

虽然我们在本章中经常使用"恐惧"这个词,但如果要更为精细地表述,还需仔细推敲和斟酌我们使用的词语。只不过,为了表述的便利,我们统一使用"恐惧"这个词语。

视频 8-3

当然,在现实的场景中,可以借助心理测量方法,精确地测量和分析受众的"恐惧"程度。

第二节　恐惧心理的基本特点

恐惧与幽默同属于基本的情绪类型,具有情绪情感共同的特性;与此同时,恐惧又区别于幽默等情绪情感,具有自身的特殊性。

一、恐惧是一种特殊的情绪体验

与所有情绪一样,恐惧是一种情绪体验,并伴随出现一些外在表现。

在心理学看来,恐惧是面临危险情境时,企图摆脱危险所产生的担惊受怕的情绪体验。

恐惧情绪产生时,常伴随一系列的生理变化,如心跳加速或心律不齐、呼吸短促或停顿、血压升高、脸色苍白、嘴唇颤抖、嘴发干、身冒冷汗、四肢无力等等。

恐惧情绪可能使人的知觉、记忆和思维过程发生障碍,失去对当前情景分析、判断的能力,并使行为失调。也就是说,危险使人担惊受怕,从而伴随一系列生理变化,这些变化对人的知觉、记忆和思维会产生直接的影响。

看来,我们要始终牢记,恐惧从本质上说是一种消极情绪,它会让人自动生发出在生理上的不适感。这种不适感,对任何人来说,都是一种负面的情绪体验。所以,有些广告会用幽默来"包装"恐惧,力图将恐惧的破坏力限制在一定范围内。(见视频8-4)

视频8-4

二、恐惧是一种生物"本能"

恐惧也是一种生物"本能",具有强大的驱动力(drive),无须经过复杂的心理过程,就能直接、有力地影响人们的态度和行为。

也就是说,人生来就具有特定的、预定程序化的行为倾向。这种行为倾向不是通过后天学习获得的,是人在进化最初就具有并一直保留下来的,是一种生物本能。

恐惧是人类(其实也是一切生命体)生存和发展所需要的基本本能。当面临危险或威胁时,人会自发启动恐惧情绪,不安、焦虑,甚至是恐慌的状态,会促使逃避危险或威胁,或寻求安全的保障或解决办法。

恐惧作为一种说服手段,就是要利用人的不安、担心、害怕、恐惧,以及焦虑等负面情绪,从而提高对说服信息的关注,以及接受说服的可能。(见视频8-5)

视频8-5

关于"本能"的众多阐述中,最有代表性的当属英国心理学家威廉·麦独孤(W. Mcdougall)提出的观点。他在自己所著的《社会心理学导论》中,以"本能"来构筑其社会心理学体系。他总结了12种人类本能,包括觅食、母爱、逃避、好奇、合群、争斗、性驱力、创造、服从、获取、支配、排斥。其中,恐惧就是对应"逃避"本能的情绪,从危险中逃路是生物生存的一种本能。

可见,恐惧不是一般的情绪情感,而是具有强大驱动力的"本能",会自动启动,并程式化地驱使人产生逃避等行为。

三、恐惧可以是主观建构的产物

当然,恐惧也可以是人的主观建构的产物。俗话说,"一朝被蛇咬,十年怕井绳"。个体的生活经历,可能将一些与危险或威胁有关的事物,建构成危险或威胁。一旦遭遇这些事物,恐惧情绪会自动启动。

更为重要的是,文化赋予的丰富含义和内容,使人的恐惧对象变得极其复杂。一些原本并无生理威胁的事物甚至符号等文化禁忌,也会使人启动强烈的恐惧心理,形成较为复杂的文化机制。

一些符号、元素和器物等,在特定的文化情境下,会具有恐怖意义,让人产生强烈的恐惧感和敬畏感。例如,死者的遗体、遗像甚至是遗物等,都会引发人的恐惧感。

可见,在说服信息的设计中,可以使用一些特定的文化元素和符号,来表现危险和威胁。以坎贝尔(Campbell)广告《血量条篇》为例,妈妈回家,发现饥肠辘辘的老公和孩子,都饿成了"僵尸"模样。(见视频8-6)似乎这还不够,广告还借用了游戏中的"血量条",来表现父母的饥饿程度,即已经接近"饿死"了。对于这种符号的解码,显然需要在一定的文化场域中进行。

视频8-6

补充一句,这一则广告中的"血量条",也向观者暗示这是一个"游戏",不必过于当真。也就是说,广告用幽默来调和恐惧,从而不让观者完全陷入消极的情绪之中。

第三节　恐惧诉求的基本理解

一、恐惧诉求作为一种说服技巧

人类很早就发现恐惧可以作为一种说服策略,提高对对象的注意,并强化说服的效果。因此,恐惧诉求作为一种说服技巧,被广泛地运用在军事、政治、社会管理以及日常生活之中,尤其是社会公共问题常常借助恐惧诉求来加强

说服、劝导行动，诸如禁烟、禁止酒后驾车、艾滋病防治、反吸毒等。（见视频8-7）

视频8-7

一项对预防艾滋病公共倡导广告进行的研究（Freimuth等，1990）发现，在127则电视倡导短片中，如果一般大众是目标受众，恐惧诉求被运用的频率（24%）仅次于理性诉求（60%）；当目标受众为高危群体时，两者出现在传播信息中的频率则不相上下（皆为39%）。①

"恐惧诉求"在外交政策上也非常常见。所谓"威逼利诱""胡萝卜加大棒"，以及"极限施压"，都运用了恐惧诉求策略。

系统、科学的恐惧诉求研究始于20世纪50年代，其也是传播学早期研究的最早的基本问题之一。因此，可以说，恐惧诉求研究是伴随着西方传播学的兴起而发展起来的。

二、恐惧诉求的常用定义

什么是恐惧诉求？罗杰斯（Rogers）在20世纪70年代对其做出的定义，至今还是权威的定义。罗杰斯认为："恐惧诉求是一种试图引起受众恐惧情绪，以激发受众防御动机或自我保护行为的劝服性传播行为。"②

正如前面提到的，"恐惧诉求"是一种广泛应用的说服技巧。因此，罗杰斯的这个定义具有较强的适应性，适应各种不同条件的传播领域。该定义包含了三个要素：第一，恐惧诉求是一种劝服性传播行为；第二，恐惧诉求试图引起受众的恐惧情绪；第三，恐惧诉求的目的，是激发受众防御动机，或自我保护行为。

三、恐惧诉求的信息内容

从内容上说，恐惧诉求信息一般包含以下两个方面的信息。

---

① 谭钟. 恐惧诉求理论及其在广告传播中的应用研究[D]. 成都：四川大学，2006：2.

② 王香甜. 威胁类型与主体状态对恐惧控烟广告效果的影响研究[D]. 南昌：江西师范大学，2015：3.

其一,威胁信息。威胁信息作为刺激物,力图诱发受众产生恐惧的情绪和心理反应。当然,这些威胁往往是受众可能遭遇到的,具有严重危害性的状况,或者会让受众陷入某种危险的境地之中等。

其二,对策信息。对于恐惧诉求而言,威胁只是"引子",真正的"硬核"是对策,即向受众提供避免威胁、解除危险、缓解恐惧的对应措施或对策建议。(见视频8-8)

视频8-8

如果受众认为威胁严重且极易发生,同时对策可以有效避免恐惧且易于操作,那么往往会倾向于接受恐惧诉求所提供的对策。对于这一点,下文谈及恐惧诉求的"作用机制"时,还会详细地进行讨论。

恐惧诉求的两部分信息结构,被学界认为是"理想的讯息设计结构",对说服者的说服信息解读,以及创作者的信息设计创作,都具有很强的指导意义。

四、恐惧诉求的威胁本质

严格地说,恐惧诉求的表述是不准确的,应该用"威胁诉求"来表达才更科学、更准确。严格地说,威胁(threat)和恐惧(fear)其实是两个不同的概念。

恐惧诉求中,传播者提供的是威胁信息,而恐惧是受众对这些威胁信息的一种心理反应。也就是说,威胁是从传播者角度来说的,而恐惧是从受众角度来说的。

从受众角度来说,同样的威胁对不同的受众,会产生不同的恐惧效果;某些受众,对于有些威胁,根本不会产生恐惧感。也就是说,在"威胁—受众—恐惧"的关系中,受众的个体特征差异的作用不可忽视。

沃尔玛广告《妈妈的日常篇》可以算是一则幽默广告,但对于那些被孩子"折磨"得几近崩溃的妈妈来说,这些一点也不"幽默",广告中不断发生的"灾难"其实是赤裸裸的威胁。(见视频8-9)因此,这则看起来"幽默"的广告,实则是在唤起妈妈们的"焦虑"和"恐慌",让她们"自我觉知"威胁或危险的存在,从而强化广告的说服效果。

视频8-9

在下文引用与心理学相关的理论研究成果时,常常会使用到一个限定性的前缀——"自觉"(perceived-),即受众觉察到、感知到、认识到。也就是说,只有当威胁被受众感知(perceived-threat),才有可能产生恐惧心理反应。

因此,严格地讲,从制作说服信息的传播者角度来看,不应该叫作"恐惧诉求",而应称为"威胁诉求",更准确地说是"感知威胁诉求"。[①]只不过,由于约定俗成,大家也就继续沿用"恐惧诉求"这个概念。

第四节　恐惧诉求的作用机制

70多年来,恐惧诉求的研究主要是围绕作用机制和效果展开的。概括来说,这些研究主要提出了四个理论模型来帮助我们理解恐惧诉求的作用机制。

一、驱动力减弱模型

驱动力减弱模型(Drive Reduction Model,DRM),是由传播学的创始人之一卡尔·霍夫兰在1953年提出的,这是第一个对恐惧诉求的劝服效果机制进行分析的理论模型。

该模型认为,恐惧是一种可以改变态度或行为的驱动力,当受众被威胁信息激发出恐惧时,受众会寻求消除恐惧,即接受信息中所陈述的建议,直到最初的恐惧减弱,从而完成态度或行为改变。

对于受众而言,恐惧诉求中的对策信息很重要,如果不足以消除恐惧,就有可能无法改变态度。因此,威胁信息不应一味地追求强度(strength),过高的威胁有可能反而不利于有效说服。

基于霍夫兰的初步发现,詹尼斯(Janis)和麦圭尔(MaGuire)预测,在恐惧唤起程度和态度改变效果之间,存在着一种倒U型曲线关系(inverted-U-shape curve)。他们认为,中等程度的恐惧唤起,产生最大的劝服效果;轻度的恐惧激

---

① Michael LaTour, Herbert Rotfeld. There Are Threats and (Maybe) Fear-Caused Arousal: Theory and Confusion of Appeals to Fear and Fear Arousal Itself[J]. Journal of Advertising,1997(3):45-59.

发预防行为,当然太轻的恐惧不能产生足够的驱动力;相反,重度恐惧可能激发防御性机制,从而阻碍和减弱对对策讯息的接受。

需要指出的是,倒U型曲线关系只是詹尼斯和麦圭尔提出的假设,并没有得到后续研究的验证。相反,有学者发现,重度恐惧诉求比中度和轻度恐惧诉求引发了更多的态度和行为改变。还有学者发现,恐惧唤起与态度改变存在着一种正向的线性关系。[①]

尽管如此,这种倒U型曲线关系模型却流传甚广,甚至成为一些权威教材和专著中解释恐惧诉求作用机制的唯一理论。

二、平行反应模型

平行反应模型(Parallel Response Model,PRM),是利文萨尔(Leventhal)于1970年提出的。该理论认为,恐惧诉求会让受众同时产生两种反应过程。

一方面,恐惧诉求会使受众内心产生恐惧。为了降低这种令人不适的情绪,受众进行"恐惧控制过程"(the fear control process)。这个过程可以看作一种偏向情绪的应对机制,它通过否定威胁或者扭曲信息内容,来消除恐惧感。这是一种非调适行为(maladaptive),如逃避、注意力涣散、否认威胁信息等。

另一方面,受众同时被激发出反抗信息中所陈述的威胁的想法,为此受众进行"危险控制过程"(the danger control process),即思考信息中所陈述的威胁和建议,以选择与执行消除威胁的行动,这是一种调适行为(adaptive)。

利文萨尔认为,"恐惧控制过程"和"危险控制过程"是各自独立产生的,但其中一方能够强于另一方。如果是"恐惧控制"强于"危险控制",受众倾向于扭曲或否定威胁信息;如果"危险控制"强于"恐惧控制",受众倾向于思考威胁信息和建议,并选择相应的态度和行为。

也就是说,平行反应模型认为,恐惧唤起并不一定仅仅倾向于促使受众接受推荐措施和建议(即危险控制过程),恐惧也会引发偏向情绪的恐惧控制过

---

① 谭钟. 恐惧诉求理论及其在广告传播中的应用研究[D]. 成都:四川大学,2006:17.

程,抑制或阻止受众对推荐措施或建议的接受,从而减弱态度或行为改变的效果。

三、保护动机理论

保护动机理论(Protection Motivation Theory,PMT),是罗杰斯在1973年和1983年针对利文萨尔的平行反应模型提出来的理论,为恐惧诉求研究提供了重要的理论框架。

概要地说,鉴于平行反应模型提出了"危险控制过程"是说服成功的关键,因此保护动机理论就重点探讨了这个过程,试图找出该过程中使恐惧诉求成功的要素。

保护动机理论假设,人是理性的,理性的个体一般都会选择最有可能给自己带来最高效用的行为方案。基于此,罗杰斯提出,恐惧诉求在"危险控制过程"中,激发了两个认知评估过程:一个是威胁评估,即对信息中所陈述的威胁程度进行评估;一个是对策措施评估,即对信息中所陈述的推荐措施的效果进行评估。两个评估过程的综合结果,决定了受众是否产生保护自己免受威胁伤害的动机。

据此,罗杰斯归纳出决定恐惧诉求说服是否成功的三项核心要素。

第一项,自觉威胁严重性(perceived severity),指受众自己主观感知到的,威胁可能对特定对象(如自己或家人)造成伤害的严重程度(包括发生在身体、心理、经济或社会生活方面的各种伤害)。

第二项,自觉威胁易遭受性(perceived susceptibility),指受众自己主观感知到的,威胁发生在特定对象身上的可能性。

第三项,自觉反应效能(perceived response efficacy),指受众自己主观感知到的,信息中所推荐的避险应对措施的有效性(即能够有效降低或消除威胁发生的可能性)。

前两个要素属于威胁评估过程,后一个要素则属于应对措施评估过程。也就是说,如果一则恐惧诉求信息,使受众产生高自觉威胁严重性、高自觉威胁易遭受性,以及高自觉反应效能,便能有效激发受众保护自己免于受害的动机,从而改变态度和行为。

贝克和弗兰克尔(Beck & Frankel)进一步提出,应该在应对措施评估过程中再添加一项核心要素:第四项,自觉自我效能(perceived self-efficacy),即受众自己主观感知到的,自己能够成功地执行信息中所推荐的避险应对措施的能力大小。

之后的研究,虽然学者们还存在分歧和争论,但大都倾向于认同恐惧诉求的四个核心要素。也就是说,一则有效的恐惧诉求传播信息,必须提供以上四项核心信息,才能产生较好的说服效果,促使受众改变态度或实施行动。(见视频8-10)

视频8-10

当然,保护动机理论也存在着明显的缺陷,即虽然它对"危险控制过程"这一认知过程讨论得非常深入,但对偏向情绪过程的"威胁控制过程"几乎不予涉及。

而众所周知,恐惧诉求的初衷是通过激发受众的恐惧情绪,来加强说服效果,那么就不应该忽略情绪层面的作用机制。因此,有学者(Witte,1992)认为保护动机理论过于偏重受众的认知反应,而呼吁重新探究"恐惧"这一情绪层面因素在恐惧诉求策略中的作用机制。

四、拓展平行反应加工模型

针对保护动机理论的上述缺陷,维蒂(Witte)在1992年创建了拓展平行反应加工模型(Extended Parallel Processes Model,EPPM)。

拓展平行反应加工模型(EPPM)延续了保护动机理论的思路,认为恐惧诉求会引发受众对传播信息进行两种评估过程,即威胁评估过程和应对措施评估过程。

在此基础上,该模型进一步提出,上述两个过程是有先后次序的。受众先进行威胁评估,如果信息中的威胁被认为不严重,或者自己不容易遭受(自觉威胁严重性和自觉威胁易遭受性较低),受众便停止对信息的继续关注和评估,不会进入应对措施评估过程,忽略该恐惧诉求信息,导致信息传播活动失败。相反,如果受众对信息中的威胁感知程度较高,就会提高应对措施评估的动机,进入应对措施评估过程。

进入应对措施评估过程后,受众认为应对措施的自觉反应效能和自觉自我效能较高时,会导致危险控制过程。也就是说,受众相信信息中的措施是有效的,并容易执行,受众才产生控制危险的动机,接受信息的建议,引发态度或行为的改变。

当受众认为应对措施的自觉反应效能和自觉自我效能较低时,他们会倾向于恐惧控制过程。换言之,当受众虽然因为威胁的陈述而心生恐惧,可是信息未提供有效建议或执行建议太难、太花时间、成本太高或无助于遏制威胁的发生,持续的恐惧就会促使受众转而控制恐惧——通过否认、歪曲威胁信息或防御性逃避等非调适行为,来降低恐惧感。

可见,拓展平行反应加工模型在解释危险控制过程时,融入了罗杰斯的保护动机理论的观点;在解释恐惧控制过程时,则借用了驱动力减弱理论。

也就是说,拓展平行反应加工模型综合了恐惧控制过程和危险控制过程,以更好地解释恐惧诉求会成功或失败的时机和原因。(见视频8-11)

视频8-11

第五节　恐惧诉求作为一种广告手段

虽然广告早已开始使用恐惧诉求这种手段,并且有关恐惧诉求的传播学、心理学研究已取得了丰硕的成果,但直到20世纪70年代,仍有学者撰文强调,恐惧诉求的潜在价值被营销界所忽视。

在广告领域,无论是学界还是业界,都尚未充分吸收恐惧研究的成果,使得恐惧诉求广告还是一片有待开垦的领域。

一、恐惧诉求广告的定义

邹宏(2007)将恐惧诉求广告界定为"展现购买的利益或不购买的危害,描述某些使人不安、担心、恐惧的事件或发生这些事件的可能性,以引起诉求对象对广告信息的特别关注"①。

"展现""不购买的危害",以及"描述某些使人不安、担心、恐惧的事件或发生这些事件的可能性",这样的表述都是基本正确的,也在一定程度上概括了恐惧诉求广告的基本特点。只不过,"引起关注"的落脚点存在缺憾。恐惧诉求广告的效果绝不止于"关注",而是力图对其他心理环节也产生深刻的影响。

龙生庭(2012)认为,恐惧诉求广告,就是"广告策划者运用能够使广告受众产生害怕、恐慌、焦虑、疑虑、担心、不安等心理反应的语言、文字、画面、色彩和音响等广告因素组合而成广告作品的创意表现方法"②。

这个定义更具实用性,可以对广告创作提供具体的指导。也就是说,恐惧诉求的信息,可以用"语言、文字、画面、色彩和音响等"表现,而且让"受众产生害怕、恐慌、焦虑、疑虑、担心、不安等心理反应"。这让我们相对清晰地了解了什么叫作恐惧诉求广告,并知道了如何进行恐惧诉求广告的创作。

二、关于恐惧诉求广告创作的三点建议

在创作恐惧诉求广告时,当然要特别注意前文提到的恐惧诉求信息的四项核心要素。但从实际创作的角度来说,还要注意以下三个方面。

其一,认真研究传播对象。

前文特别提到了"perceived-"这个前缀,表示受众"觉察到的""感知到的""认识到的"等。因此,在谈及一则成功的恐惧诉求信息所应包含四项核心要素时,其英文词汇都加上了"perceived-",即

(1)perceived severity(自觉威胁严重性);

(2)perceived susceptibility(自觉威胁易遭受性);

(3)perceived response efficacy(自觉反应效能);

(4)perceived self-efficacy(自觉自我效能)。

---

① 谭钟. 恐惧诉求理论及其在广告传播中的应用研究[D]. 成都:四川大学,2006:3.
② 谭钟. 恐惧诉求理论及其在广告传播中的应用研究[D]. 成都:四川大学,2006:3.

　　也就是说,这四项核心要素都不是信息本身的客观属性,而是特定对象对信息的主观认知和评价。因此,研究对象是恐惧诉求广告创作者必须做的一件事情。

　　例如,关于吸烟有害健康的广告,如果对象是青少年,那么使用肺病患者的肺部 X 光胸片可能效果并不好;而广告强调难闻的口气,以提醒他们吸烟会严重影响他们的社会交往,则更为有效。至于为人父母的成年人,最大限度上唤醒他们的恐惧的事物,莫过于展示孩子们是怎样模仿父母而学会吸烟的,或者展示他们的孩子是如何被父母的"二手烟"所伤害的。[①](见视频8-12)

视频 8-12

　　其二,关注文化价值系统。

　　人是社会性的动物,是存在于特定的文化价值系统,并受文化价值系统深刻影响的。因此,要研究受众对象,当然离不开对文化价值系统的关注。

　　同样以戒烟广告为例,有学者(Larroche)对不同文化价值系统的受众进行了实验研究,发现不同文化价值系统的受众对同一恐惧诉求广告的反应存在明显差异。[②]

　　该实验采用三因素被试间设计,自变量包括恐惧强度(高、中、低三个等级)、恐惧类型(社会性恐惧、生理性恐惧)、不同文化价值系统(被试有中国人、英国人)。

　　实验发现,恐惧强度的不同没有带来传播效果的明显改变;两类恐惧诉求对英国人的劝导作用,明显强于中国人。也就是说,观看恐惧诉求广告后,英国人比中国人更倾向于承认吸烟的消极性,也表现出更强的戒烟意向。

---

① Michael LaTour, Herbert Rotfeld. There Are Threats and (Maybe) Fear-Caused Arousal: Theory and Confusions of Appeals to Fear and Fear Arousal Itself [J]. Journal of Advertising, 1997,26(3):45-59. 转引自周象贤,肖兵艳. 恐惧诉求广告传播效果研究及其应用启示[J]. 新闻界,2009(6):157-158,136.

② Michael Laroche, Roy Toffoli, Quihong Zhang, el at. A Cross-Cultural Study of the Persuasive Effect of Fear Appeal Messages in Cigarette Advertising Effect of Fear Appeal Messages in Cigarette Advertising: China and Canada [J]. International Journal of Advertising,2001(20):297-317. 转引自周象贤,肖兵艳. 恐惧诉求广告传播效果研究及其应用启示[J]. 新闻界,2009(6):157-158,136.

研究者认为,中国人在价值、信念、地域性和经济性因素方面,与西方人存在差异,中国人至今受到儒家哲学的影响,主张生活适度、和谐、保守,也强调社会的有序和稳定。因此,中国人往往把烟作为一种增进人际关系的礼物,或充当友情的标志。这种信念可能削弱或抵消了社会或生理性恐惧诉求的劝导作用。

可见,同一则恐惧诉求广告,在不同的文化场域中,可能会形成不同的传播效果。(见视频 8-13)

视频 8-13

其三,注意广告插播环境。

广告的插播环境(context),其实就是广告的上下文。在受众媒介使用过程中,不同的上下文环境,当然会对受众产生影响。

波特等(2006)的研究证实了插播环境是影响恐惧诉求广告传播效果的重要因素之一。该实验为单因素被试间设计,自变量是广告播放前的电视节目类型,分为积极性和消极性两类。测量的因变量包括:被试情绪唤醒维度、广告态度、行为意向、皮肤电阻值等。实验用的刺激物是一则倡导安全驾驶的公益类恐惧诉求广告。

结果显示:当恐惧诉求广告插播在积极的电视节目环境中,被试的活力唤醒水平明显高于紧张的唤醒度;当该广告的插播环境为消极时,被试则感受到更高水平的紧张;广告在积极环境中呈现时,所引发的广告态度和行为意向,明显优于消极环境中的;在消极环境中观看广告的被试,皮肤电传导力明显高于在积极环境中的。[1](见视频 8-14)

视频 8-14

这再一次证明广告根本没有它看上去的那样天马行空。广告要说什么、怎么说,都受到了市场策略的规约,受到了各种因素的影响。所以,广告虽然"戴着镣铐",但依然要"翩翩起舞"!

---

[1] Robert Potter, Michael LaTour, Kathryn Braun-LaTour, et al. The Impact of Program Context on Motivational System Activation and Subsequent Effects on Processing a Fear Appeal[J]. Journal of Advertising,2006,35(3):67-80. 转引自周象贤,肖兵艳. 恐惧诉求广告传播效果研究及其应用启示[J]. 新闻界,2009(6):157-158,136.

小　结　恐惧诉求广告是一把"双刃剑"

这一章,我们介绍了恐惧概念、恐惧心理的基本特点,较为深入地讨论了恐惧诉求的信息内容、威胁本质、作用机制等,并对恐惧诉求广告的创作提出了几点建议。

简单地说,恐惧是指个体面对某种危险性恐吓时形成的情感反应,它往往驱使人们试图避开或应对所面临的困境。

恐惧与一般的情绪情感有相似之处,同时也有自身的独特性。它不仅是一种特殊的情绪体验,是一种生物本能,同时也是主观建构的产物。

恐惧诉求是一种历史悠久的说服技巧,广泛地运用于军事、政治、社会管理及日常生活之中。

简单地说,恐惧诉求就是试图引起受众的恐惧情绪,来激发受众防御动机或自我保护行为,从而实现有效说服。

70多年来,恐惧诉求研究围绕其作用机制展开,提出了众多理论模型。其中,最为经典的有四个,包括驱动力减弱模型、平行反应模型、保护动机理论、拓展平行反应加工模型。

拓展平行反应模型充分吸收了之前理论的合理之处,将"威胁评估"和"对策措施评估"看作先后两个阶段;其中,自觉威胁严重性和自觉威胁易遭受性、自觉反应效能和自觉自我效能四项核心要素分别在上述两个阶段产生决定性的影响。

广告为了说好故事、达成传播效果,必须善于运用包括幽默、恐惧在内的各类情绪情感。同时,如何运用这些情绪情感,受到了营销策略的规约,以及传播规律的制约。

当然,"恐惧"说到底是一种负面情绪,"恐惧诉求"始终是一把"双刃剑"。因此,在运用它来进行广告说服的时候,一定要格外小心。

后 记

1999年春,还在洞庭湖畔工作的我,收到了浙江大学硕士研究生复试通知。其实,报考浙江大学,纯属偶然。只因为我在报名点的楼道里,见到了一块硕大的广告展板,上面写着"欢迎报考新的浙江大学";加上少年时代就开始仰慕金庸先生,本想报考厦门大学的我,大笔一挥,改填了浙江大学。

报名时的兴奋、考试时的紧张,被接到面试通知后的复杂心情所取代:一方面,我的笔试成绩虽然排名第二,三门专业课都得了高分,但究竟能否被录取还是个未知数;另一方面,在当时的体制下,即使能够顺利被浙大录取,原工作单位如不同意放人,我依然可能与读研无缘。

因此,我只能与母亲约定,我先去单位请假,然后直接从单位出发;而母亲则帮我拿上行李,到火车站与我碰头。那时还没有手机,一个简单的约定,往往需要漫长的等待。

当我在火车站门口,终于见到在大雨中蹒跚而来的母亲时,我眼眶有些湿润。母亲身材矮小,我的行李包本来很小,但在她的肩上背着,却显得格外硕大。那天的雨太大,母亲出门前特意找了一个塑料袋,小心翼翼地套在包的外面,以防湿了里面的衣物。

火车票当然很难买到,好在我当时还有铁路工作证,虽然并不是免票凭证,但总可以作为同一个系统的身份证明,容易得到车站客运值班员和列车乘务员的关照。我经长沙转车，一夜无眠，到了杭州。

不知道是不是与大多数人一样，整个面试我都一直处于高度的缺氧状态。我已记不清主考老师提了什么问题，更记不清自己是怎么回答的。但我清楚地记得，现场有一位短发的年轻女老师。她微笑着，没有提问，只是偶尔点头，用眼神与我交流。阳光从窗外照进来，洒在她的肩上，如同披着的锦带。

她就是胡晓云老师，后来成为我的硕士生导师，让我的人生发生了改变。此后的二十年，我经历过几次重大的人生转折，每次都有她的支持和鼓励，一如面试那天的模样，她总是微笑着，默默地为我加油。岁月的锦带，始终在她的肩上，熠熠生光。

人生是一场特殊的旅程。母亲将我送上了求学的火车，让我这个大龄学生，有了"回炉再造"的机会；而胡老师为我打开了一扇窗户，让我与奇妙的广告结缘，广告学从此成为我一生的事业。

由于家庭原因，我辗转来到温州，一干就是九年。庄子说："人生天地之间，若白驹过隙，忽然而已。"但，九年之于人的一生，依然是一个不短的岁月。

感念温州大学的培养，让我收获了满满的价值感；感恩领导和师长的关照，让我有机会不断成长；感谢温州这片"热土"，让我能"把科研写在大地上"。我坚信，一切都是最好的安排！

徐卫华

2019 年 9 月 13 日